조이 인 워크

JOY
in
WORK

조이 인 워크

정도성 지음

조이 인 워크

:할 일은 많고 시간은 없는 병원에 필요한 조직 문화 솔루션

'우리 병원의 조직 문화를 왜 개선해야 할까요?'라는 질문을 던지면 사람들은 거침없이 대답합니다. 사람에 따라 내용이 조금씩 다르지만 왜냐는 질문에는 누구나 대답할 수 있습니다. 병원의 일은 협업이 기본이므로 협력적인 조직 문화를 만들어야 한다는 사람도 있습니다. 의료 현장에서 일하면 감정적으로 소진되기 쉬워, 조직 문화가 감정적인 완충재의 역할을 해야 한다는 사람도 있습니다. 최근 들어 이슈가 되고 있는 세대 간의 차이, 직원의 이탈 방지 등 병원 상황에 따라 각자의 생각을 쉽게 이야기합니다. 하지만 '우리 병원의 조직 문화를 어떻게 개선해야 할까요?'라는 질문에는 대답을 주저합니다. 미국의 리더십 전문가이자 작가인 사이먼 사이넥은 《스타트 위드 와이: 나는 왜 이 일을 하는가》[■]에서 모든 일에 왜Why가 중요하다고 합니다. 하지만 병원 조직 문화는 조금 다릅니다. 왜보다 중요한 것이 어떻게How입니다. 병원의 조직 문화를 어떻게 개선할지에 대해 대답을 주저하는 데는 크게 세 가지 이유가 있습니다.

첫째, 본질에만 집중해도 너무 바쁩니다. 병원에서 일하는 모든 사람이 바쁩니다. 바쁜데 일의 목적마저 숭고합니다. 병원은 생명을 살리고 환자를 회복시키는 숭고한 가치를 지키기 위해 존재합니다. 본질적인 가치가 너무 중요하다 보니 다른 가치가 간과되기 쉽습니다. 아무리 조직 문화가 중요하다고 강조해도 '환자 살리는 일보다 중요한 일이 어디 있어? 다른 데 쓸 시간 없어.'라고 하면 반박하기 어렵습니다. 어떤 가치도 생명이라는 가치를 뛰어넘기 어렵습니다. 환자를 살리기 바쁜 조직에서 직원의 행복은 뒷전으로 밀리기 쉽습니다. 직원의 행복을 추구하는 데 시간을 내거나 노력하자고 제안하기 어렵습니다.

둘째, 시작하기 어렵습니다. 조직 문화를 개선하기 이전에 조직 문화를 정의하는 것부터 어렵게 느껴집니다. 개선 목표나 범위를 정하기도 어렵습니다. 가장 힘든 것은 개선이 분명히 필요해 보이는데 방

■ 사이먼 사이넥 저, 윤혜리 역, 《스타트 위드 와이: 나는 왜 이 일을 하는가》, 세계사, 2021

법을 모르는 것입니다. 그러다 보니 조직 문화에 관한 책을 많이 찾아 봅니다. 책을 읽다 보면 조직 문화를 근본적으로 개선하려면 리더의 역할이 중요함을 알게 됩니다. 부서의 조직 문화에는 부서장이 큰 영향을 미치고, 병원의 조직 문화에는 병원장이 큰 영향을 미칩니다. 리더가 변화를 강력하게 추진하지 않는 분위기에서 조직 문화를 바꾸자고 말하는 건 리더십을 지적하는 것처럼 들릴 수도 있습니다. 누가 고양이 목에 방울을 달 수 있을까요?

셋째, 인력이 부족합니다. 조직 문화 개선은 담당 부서나 담당자 몇 명의 노력만으로 이룰 수 없습니다. 함께 노력할 조력자가 충분히 필요합니다. 현장에 조력자가 없으면 아무리 좋은 프로그램도 단기성 이벤트로 끝나 버리기 쉽습니다.

삼성서울병원 임상교육파트와 조이 인 워크Joy in Work 프로젝트를 기획하고 준비하면서 세 가지 문제를 항상 고민했습니다. 다만 이 세 문제를 걸림돌이라고 생각하기보다는 조이 인 워크를 지속적으로 추진하기 위한 전제라고 여겼습니다. 조직 문화 개선 과정에서 이 전제를 계속 염두에 두는 일이 쉽지 않으나, 이 전제 위에서 조직 문화의 변화를 추진한다면 지속 가능성을 확보할 수 있습니다.

일이 많은 현장에서도 쉽게 시작할 수 있고, 일회적인 이벤트가 아닌 지속적으로 변화를 도모하며, 리더들이 적극적으로 활동하는 토양을 만드는 것이 프로젝트의 목표였습니다. 이 목표를 달성하려면 조직 구성원들이 변화하고 성장하고 있다는 감각을 느끼는 것이 중요합니다. 활동에 참여하는 구성원은 어제보다 나은 조직으로 한 발짝씩 나아가고 있다는 변화의 감각을 느끼고, 활동을 이끄는 리더는 변화의 과정 속에서 성장하고 있다는 감각을 느껴야 합니다. 지속 가능성은 완벽한 조직 문화를 기대하는 데서 비롯되지 않습니다. 나와 우리 병원이 옳은 방향으로 나아가고 있다는 일상의 감각이 확신으로 전이될 때 찾아옵니다. 조이 인 워크는 할 일은 많고 시간은 없는 병원의 일상을 바꾸는 출발점이 될 것입니다.

2부 조이 인 워크 워크숍 콘텐츠

1장 워크숍 콘텐츠

2장. 캠페인 콘텐츠

3장. 스폿 콘텐츠

부록

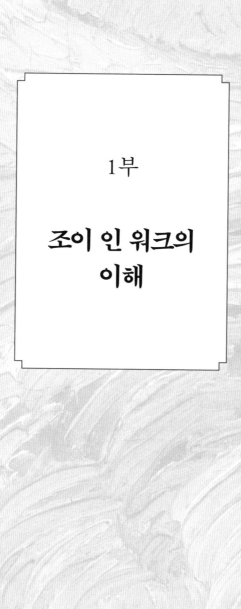

1부

조이 인 워크의
이해

1장
조이 인 워크의 특징

(1) 수직적 개선이 아닌 수평적 변화

조직 문화 개선 활동이라고 표현하면 조금 딱딱한 느낌을 줍니다. 조직의 가치에 구성원을 동기화해야 할 것 같고, 본질적인 변화를 추구해야 할 것처럼 들립니다. 또한 가야 할 방향이나 목표 지점이 정해져 있다는 느낌이 듭니다.

그래서 저는 조이 인 워크를 조직 문화 개선 활동이 아닌 '무브먼트'라고 표현하고 싶습니다. 검색 창에 무브먼트를 검색하면 조직 문화보다는 대중문화나 예술에 관한 검색 결과가 많이 나옵니다. 무브먼트는 누군가가 강력한 리더십을 발휘해서 변화를 만들어 가는 것이 아니라 자연스럽게 조성된 흐름을 이야기할 때 많이 사용됩니다.

조이 인 워크는 '무브먼트'라는 표현이 어울리는 수평적인 변화입니다. 구성원이 중요하게 여기는 가치에서 출발합니다. 그들이 중요시하는 가치를 발견하고, 이를 중심으로 일과 일터에서 의미를 찾도록 하는 활동입니다. 조직 문화 개선 활동이 조직의 가치를 중심으로 구성원의 몰입을 이끌어 내는 '수직적 몰입'이라면, 조이 인 워크는 구성원 각자의 가치를 중심으로 일과 일터에서의 몰입을 이끌어 내는 '수평적 몰입'이라고 볼 수 있습니다. 조이 인 워크는 조직 구성원의 개별성을 존중하는 수평적인 정서를 중심으로 하기에, 사람들이 참여하는 문화적인 운동이라는 의미로서 '무브먼트'라는 표현을 쓰고 싶습니다. 조이 인 워크는 단순히 조직 문화 개선에만 집중하는 활동을 넘어 개인의 가치와 경험에서 출발하는 새로운 접근입니다.

2019년 삼성서울병원 임상교육파트에서 IHI^{Institute for Healthcare}
Improvement■의 조이 인 워크 프레임을 적용한 조직 문화 개선 활동을 의뢰받았을 때, 'Work'와 'Joy'라는 단어가 함께 등장해서 깜짝 놀랐습니다. 너무 이상적이고 낭만적인 아이디어라는 생각이 들었습니다. '일터'에서 '즐거움'이라니 정말 가능한 일인지 의구심부터 들었습니다.

■ 미국 보스턴에 본부를 두고 있는 비영리 의료 개선 기관. 1991년부터 의료의 질을 향상시키기 위해 증거 기반의 개선 방법을 전 세계에 전파함.

평소 일의 의미와 가치에 대해 깊이 고민해 온 일부 직원이라면 일터에서도 즐거움을 발견할 수 있겠지만, 다수의 직원을 대상으로 한 활동에서는 '즐거움'을 찾게 하는 일이 불가능하다고 생각했습니다. 그러나 IHI 조이 인 워크 백서를 꼼꼼히 살펴본 뒤 이 생각이 편견이었음을 깨달았습니다. 조이 인 워크 프레임워크는 아홉 가지 구성 요소로 이루어져 있습니다. 조직 전반에 획일적인 가치를 강조하며 일터에서 즐거움을 찾으라고 하는 건 이상적인 생각입니다. 아홉 가지 가치 중에서 내게 맞는 가치에 관한 즐거움을 찾으라고 하는 건 현실적인 접근이 됩니다.

─────── IHI에서 말하는 조이 인 워크의 필요성 ───────

IHI에서는 조이 인 워크에 관해 '근무 환경에서 겪는 긍정적이고 의미 있는 경험으로 내재적 동기에서 비롯된다.'라고 설명합니다. 일터에서의 즐거움은 단순히 행복감을 느끼는 것 이상으로, 자신의 강점을 발휘하고 동료와 협력하며 전문성을 발전시켜 나가는 데서 옵니다. 일에서 즐거움을 느낄 때 업무 몰입도와 성과가 높아지고, 스트레스 대처 능력도 좋아집니다. 이는 의료의 질과 환자 경험의 향상으로 이어집니다.

조이 인 워크는 의료 기관의 사명인 '환자 중심의 의료'를 실현하는 토대가 됩니다. 의료진이 자신의 일에 긍지와 보람을 느낄 때 비로소 최선의 의료 서비스를 제공할 수 있습니다.

최근 트리플 에임Triple Aim, 즉 의료의 질 향상, 비용 절감, 건강 형평성 제고라는 세 가지 목표에서 한 걸음 더 나아가, '쿼드러플 에임Quadruple Aim'

이 제안되었습니다. 쿼드러플 에임은 기존 트리플 에임에 '의료 인력의 웰빙 향상'을 핵심 목표로 추가한 것입니다. IHI는 조직 차원에서도 조이 인 워크가 필수라고 주장합니다. 조이 인 워크는 구성원 개개인의 자아실현은 물론, 양질의 의료 서비스 제공과 비용 절감까지 가져오는 선순환을 이끌어 낼수 있기 때문입니다.

(2) 개인의 경험부터 조직 환경까지의 변화

조이 인 워크에서는 개인의 경험뿐만 아니라, 팀과 조직의 환경도 변화의 대상입니다. 일할 때 발생하는 작은 불편함을 개선하려는 노력은 조이 인 워크 활동의 중요한 축입니다. 조이 인 워크 활동을 하다보면 자연스럽게 직원의 인식 변화에만 집중하기 쉽습니다. 하지만팀과 조직의 환경 개선은 항상 강조되어야 합니다.

조이 인 워크의 대상

조이 인 워크
= 개인의 경험 + 조직의 환경

조직 환경이 개선되고 있음을 직원이 직접 체감할 수 있다면 우리 병원이 조이 인 워크를 위해 노력하고 있다는 확신을 줄 수 있습니다. 조직 구성원의 인식 변화만 강조한다면 '병원에서는 아무것도 해 주지 않으면서 우리보고만 변하라고 한다.'라고 생각할 수 있습니다. 개선의 주체가 아닌 대상이 된 것 같은 기분이 들 것입니다.

하지만 일상에서 경험하는 작은 불편을 개선하는 작업은 직원들이 곧바로 체감할 수 있습니다. 환경을 개선하는 노력은 직원의 능동적인 참여를 이끌어 내는 전제가 됩니다.

(3) 일의 본질과 특징을 담은 프레임워크

조이 인 워크는 의료 기관의 고유한 특성을 반영한 균형 잡힌 프레임워크를 제공합니다. 특히 일의 '의미와 목적'은 병원 조직 문화에서 강조되는 요소인데, 이 점은 다른 산업의 조직 문화와 가장 구별됩니다. 모든 산업에서 일의 목적, 특히 '우리 일이 타인에게 미치는 긍정적인 영향'을 강조할 것 같지만 그렇지 않습니다. 고객에 대한 긍정적인 영향력을 직접 보고 느끼며 일하는 산업은 생각보다 많지 않습니다. 사람들에게 긍정적인 영향을 준다 해도 이 점을 강조하기 쉽지 않은 경우도 있고, 어떤 산업에서는 '일의 긍정적인 영향력'에 대해 이야기하기 어렵기도 합니다. 반면 병원에서 일하는 직원은 '환자의 치료와 돌봄' 또는 '환자와 가족의 일상 회복'이라는 명확한 목적을 가지고 있

조이 인 워크 프레임워크

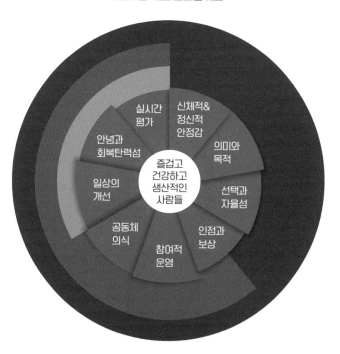

습니다.

조이 인 워크 워크숍을 진행하며 환자와의 관계나 일에 대해 이야
기하며 목소리가 떨리는 직원이 종종 있었습니다. 다른 산업에서는
고객이나 일 이야기를 하며 목소리가 떨리는 사람을 찾기 힘듭니다.
일에서 중요하게 생각하는 요소가 무엇인지 이야기할 때 '타인에 대
한 긍정적인 영향력'이 돈이나 워라밸보다 중요하다고 말하는 직원
도 의료 기관에서는 어렵지 않게 만날 수 있습니다.

2장
조이 인 워크 프레임워크의 핵심 요소

IHI의 조이 인 워크 프레임워크는 즐거운 근무 환경을 조성하는 아홉 가지 핵심 요소를 제시합니다. 바로 신체적&정신적 안정감, 의미와 목적, 선택과 자율성, 인정과 보상, 참여적 운영, 공동체 의식, 일상의 개선, 안녕과 회복탄력성, 실시간 평가입니다.

(1) 신체적&정신적 안정감Physical&Psychological Safety

신체적&정신적 안정감은 조이 인 워크의 기본 요소입니다. 신체적 안정감은 근로 환경에서의 사고, 감염, 폭력으로부터 자유로운 상태일 때 보장됩니다. 심리적 안정감은 구성원이 두려움 없이 의견을 제시하고, 실수를 인정하며, 도움을 요청할 수 있는 분위기에서 나옵니다.

신체적 안정감을 갖게 하기 위해서는 위험 요인을 지속적으로 점검하고, 신체적 안정감을 중요시하는 문화를 만드는 것이 중요합니다. 심리적 안정감을 갖게 하기 위해서는 리더가 솔선수범하고, 열린 소통을 장려하며, 사고 발생 시 비난 대신 시스템 개선을 시도하는 문화를 만들어야 합니다.

(2) 의미와 목적Meaning&Purpose

의미와 목적은 자신의 일을 가치 있고 보람되게 여기는 데서 비롯됩니다. 의료 기관 구성원은 조직의 미션과 비전, 자신의 역할이 서로 연계되어 있음을 인식할 때 일에서 의미를 찾습니다.

리더는 조직의 근본적인 존재 이유와 방향성을 명확히 하고, 구성원과 공유해야 합니다. 개인이 조직의 목표 달성에 어떻게 기여하는지 피드백을 주는 것도 중요합니다. 또한 업무 자체의 중요성과 영향력을 인식할 수 있도록 환자·보호자와의 접점을 늘리거나 스토리텔링 기법을 활용하는 것도 좋습니다.

(3) 선택과 자율성Choice&Autonomy

선택과 자율성은 업무 수행 방식이나 의사 결정에 구성원이 재량권을 행사하는 정도입니다. 과도한 통제나 미시적 관리Micromanagement는 구성원의 자율성을 침해할 수 있습니다. 가능한 범위 내에서 구성원에게 선택권을 주고, 창의적인 문제 해결을 장려해야 합니다. 그러기 위해 권한 위임이나 참여적 의사 결정 같은 방법을 활용할 수 있습니다. 충분한 정보 공유와 교육 역시 구성원이 자율성을 발휘하는 근간이 됩니다. 구성원이 자신이 해야 할 일을 명확히 알고, 할 수 있는 일의 범위가 넓어질 때, 선택과 자율성의 감각이 확보될 수 있습니다.

(4) 인정과 보상Recognition&Rewards

인정과 보상은 구성원의 노력과 성과를 조직이 알아주고 칭찬하는 것을 말합니다. 단순히 금전적 보상을 주는 것을 넘어, 조직으로부터 인정받고 있다는 감정을 느끼도록 하면 구성원에게 강력한 동기를 부여합니다. 칭찬 릴레이, 우수 사원 표창, 감사 노트 등 일상적이고 즉각적인 인정 방안을 마련할 필요가 있습니다. 성과와 역량에 기반한 공정한 보상 체계를 갖추는 것도 중요합니다. 다양한 기념일을 활용한 서프라이즈 이벤트도 구성원의 사기를 높이는 데 효과적입니다.

(5) 참여적 운영Participative Management

참여적 운영은 의사 결정이나 업무 개선 과정에 구성원을 적극적으로 참여시키는 것을 뜻합니다. 일방적인 하달식 업무 지시가 아니라, 현장의 목소리를 듣고 반영할 때 수용성과 실행력이 높아집니다. 정기 토론회, 현장 개선 제안 제도, 태스크포스TF 등 다양한 참여 채널을 만들어야 합니다. 조직이 새로운 변화를 도모할 때 충분한 정보 공유와 소통이 필요합니다. 때로는 이 과정에서 표출될 수 있는 이견도 자연스럽게 받아들여야 합니다.

(6) 공동체 의식Camaraderie&Teamwork

공동체 의식은 구성원 간의 유대감, 상호 신뢰와 존중을 바탕으로 형성됩니다. 서로 도우며 협력할 때 비로소 팀워크가 발휘되고 시너지가 나옵니다. 팀 빌딩 활동, 멘토링, 동료 간 칭찬 캠페인 등을 통해 공동체 의식을 높일 수 있습니다. 다학제적 협력을 장려하고, 갈등 관리 역량을 키우는 것도 중요합니다. 무엇보다 리더가 경청하고 공감하며 협력하는 태도를 갖는 것이 핵심입니다.

(7) 일상의 개선Daily Improvement

조직은 성공과 실패의 경험으로부터 배움의 기회를 만들어야 합니다. 이러한 배움과 개선의 노력은 일상에서 이루어져야 합니다. 부서 리더가 일상 업무 개선에 필요한 자질을 갖추고 일상 업무에서 비효율적인 측면을 파악하고 최소화해야 합니다. 그리고 구성원의 일상 업무 발전에 알맞은 조언을 제시해야 합니다. 구성원끼리 의견을 주고받을 수 있는 연결고리를 만들고, 개선 방안을 실시간으로 업무에 적용하며, 시작 자료를 활용해 개선안이나 문제점에 대해 교육하는 것이 도움이 됩니다.

조이 인 워크 활동에서 '일상의 개선'은 단순히 부서 내의 문제점 개선에 국한하지 않고 의미를 확대해서 진행됩니다. 일상의 개선을 지속하여 부서원이 '성장'하도록 돕는 활동까지 포함합니다.

(8) 안녕과 회복탄력성 Wellness & Resilience

조직은 구성원의 안녕과 건강을 중요한 가치로 여겨야 합니다. 단순히 근로 환경의 안전성뿐 아니라 구성원 개인의 회복탄력성(스트레스나 힘든 상황을 잘 회복하는 능력)을 높이는 것까지 포함합니다. 구성원이 삶에 감사하는 마음을 갖고 개인과 가정의 균형 잡힌 삶을 중시하도록 심리적 건강(우울증, 불안에서 자유로운 상태)에도 지원을 제공해야 합니다. 구성원 한 사람 한 사람을 지원하는 것이 결국 즐거운 근무 환경을 만듭니다.

리더는 구성원이 스트레스를 잘 관리하고 건강하게 업무에 임할 수 있도록 격려해야 합니다. 리더부터 안녕과 회복탄력성을 잘 유지하는 모습을 보여야 합니다. 구성원은 리더의 모습을 보며 자신의 미래 모습을 상상합니다. 리더의 긍정적인 모습은 구성원에게 동기를 부여합니다.

(9) 실시간 평가Real-time Measurement

조직의 발전을 위해서는 진행 상황에 대해 평가가 신속하게 이루어져야 합니다. 일상적이고 주기적으로 현재 상태를 평가하여 조직의 발전을 효과적으로 이끌어야 합니다.

현재 근무 중인 직원을 대상으로 한 조직이나 업무 만족도 설문, 근무 환경 안전 설문, 이직률, 결원율, 산업 재해 발생률, 소진도 등의 지표를 활용할 수 있습니다. 또한 구성원의 불편 사항과 우려 사항을 투명하게 공개하고, 정기 회의를 통해 어떤 개선 방안이 효과가 있는지 논의해야 합니다. 평가 척도는 조직 전체적인 측면과 세부적인 측면을 모두 아울러야 합니다.

조이 인 워크 프레임워크의 아홉 가지 구성 요소는 서로 유기적으로 연결되어 있습니다. 어느 한 가지 요소만으로는 조이 인 워크를 실현하기 어렵습니다. 병원의 상황이나 시기에 따라 아홉 가지 요소 중 특정 항목을 강조하여 활동을 구성할 수도 있습니다. 코로나19와 같은 위기 상황에서는 의료진의 공동체 의식이 유난히 강조됩니다. 신규 직원의 정착률이 낮은 병원에서는 일상의 개선이나 일의 의미를 강조합니다. 수평적인 조직 문화의 구축이 시급한 병원이라면 신체적, 정신적 안정감과 참여적 운영, 선택과 자율성이라는 가치가 강조됩니다.

조이 인 워크 프레임의 구성 요소가 아홉 가지이므로 병원 조직 문화를 통합적인 관점에서 바라볼 수 있습니다. 균형 잡힌 시선에서 우리 병원 조직 문화의 약점을 발견하고, 이를 강화하는 활동에 집중할 수 있습니다.

3장
조이 인 워크 주요 인물의 역할

조이 인 워크의 주요 인물

SME (내용 전문가)	교육 부서	간호부·부서장	조직 문화 리더

부서원

조이 인 워크를 실행하려면 SME$^{Subject\ Matter\ Expert}$(내용 전문가), 교육 부서, 간호부 및 부서장, 그리고 부서별 조직 문화 리더의 협업이 원활하게 이루어져야 합니다.

조이 인 워크 주요 인물의 역할

주요 인물	역할
SME	콘텐츠 기획 워크숍 진행
교육 부서	콘텐츠 기획 워크숍 운영 워크숍 결과 취합 및 SME 피드백 현장 공유 활동 후원
간호부·부서장	부서별 조이 인 워크 활동 후원
조직 문화 리더	조이 인 워크 워크숍 참여 부서 내 전파 부서 단위 선발

(1) SME

SME(내용 전문가)는 교육 부서와 협력하여 콘텐츠를 기획하고 워크숍을 진행합니다. 워크숍을 직접 진행하므로 강사의 역할도 합니다. 그러나 본질적으로 강의력보다는 조이 인 워크에 대한 이해를 바탕으로 병원 맞춤형 콘텐츠를 지속적으로 개발하는 능력이 중요합니다. SME는 병원 직원이 아닌 경우가 많습니다. 따라서 콘텐츠를 기획하는 과정에서 교육 부서와 적극적으로 소통해야 합니다. 병원마다 조직 문화 이해도, 방향성, 특성이 다릅니다. 콘텐츠를 구성할 때, 병원의 특성이 정확하게 반영되어야 합니다. A 병원에서는 효과가 있었던 콘텐츠가 B 병원에서는 효과가 없을 수도 있습니다. SME는 자신이 개발한 콘텐츠에 대한 철학이나 방향성을 고집하기보다 병원의 상황을 잘 아는 교육 부서의 의견을 충분히 반영해야 조이 인 워크의 실행 효과를 높일 수 있습니다.

(2) 교육 부서

교육 부서는 조이 인 워크 활동의 중심축입니다. 조이 인 워크 콘텐츠의 큰 방향을 잡고 SME의 콘텐츠가 현장에서 확산되도록 끊임없이 소통해야 합니다. 활동 참여를 독려하기 위해 조직 문화 리더를 격려하기도 하며, 간호부·부서장과도 적극적으로 소통합니다. 조이 인 워크가 지속적으로 실행되려면 교육 부서의 의지와 현장 부서와의 조율 능력이 중요합니다. 교육 부서의 의지와 현장 부서장의 리더십이 조이 인 워크의 지속 가능성에 가장 큰 영향을 미칩니다.

(3) 간호부·부서장

조이 인 워크를 처음 도입한다면 부서장을 대상으로 별도의 워크숍을 먼저 진행하는 것도 좋습니다. 삼성서울병원 임상교육파트 이정은 책임은 조이 인 워크의 지속적인 실행을 위해서는 부서장의 관심과 참여가 필수라고 이야기합니다. 부서장을 대상으로 한 별도의 워크숍은 부서에서 조이 인 워크 활동을 이끄는 조직 문화 리더가 활동할 수 있는 정서적인 공간을 마련합니다. 리더가 부서에서 어떤 활동을 할지 처음부터 끝까지 장황하게 보고해야 하는 부담을 줄일 수 있고, 부서장의 지원이 필요할 때 비교적 부담 없이 요청할 수 있습니다.

(4) 조직 문화 리더

조직 문화 리더는 조이 인 워크의 전파자 역할을 합니다. 보통 경력 10년 차 내외의 직원이 이 역할을 담당합니다. SME로부터 공유받은 내용을 부서에 전달합니다.

부서장 워크숍과 조직 문화 리더 워크숍

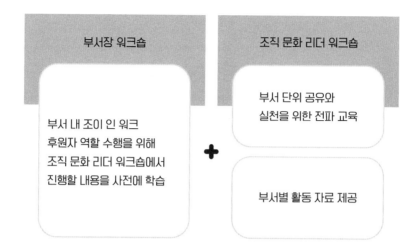

부서장 워크숍

부서 내 조이 인 워크
후원자 역할 수행을 위해
조직 문화 리더 워크숍에서
진행할 내용을 사전에 학습

＋

조직 문화 리더 워크숍

부서 단위 공유와
실천을 위한 전파 교육

부서별 활동 자료 제공

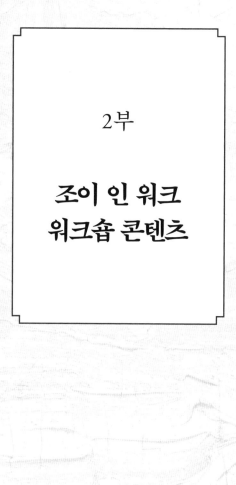

2부

조이 인 워크
워크숍 콘텐츠

조이 인 워크 활동을 기획하면서 가장 중요하게 생각한 것은 두 가지였습니다. 바로 조직 분위기의 변화와 조직 문화 리더 그룹의 양성입니다. 조직 분위기Organizational Climate는 조직과 작업 환경에 관해 구성원 간의 공유된 지각을 의미합니다. 주입식 교육으로 개개인의 지각을 변화시키지 않고, 공유된 지각을 변화시키기 위해 구조적으로 접근했습니다. 조직행동학자 스티븐 로빈슨에 따르면 조직 문화는 다양한 매개체를 통해 구성원에게 전달됩니다. 대표적으로는 스토리, 의식, 상징물, 언어를 통해 문화가 전파됩니다.

조직 문화 전파의 네 가지 매개체

스토리 (Story)

의식 (Rituals)

언어 (Language)

상징물 (Material Symbols)

조이 인 워크를 기획할 때 주입식 교육이 되지 않도록 네 가지 매개체를 활용하였습니다. 조이 인 워크 워크숍이나 부서별 활동을 통해 각자가 경험한 일과 일터에 대한 긍정적인 스토리가 공유되고 확산되는 것을 목표로 했습니다. 긍정성이 점화될 수 있는 언어Language나 상징물Material Symbols에 직원을 노출시키는 횟수를 늘리고자 했습니다. 또 워크숍과 부서별 활동이 조이 인 워크의 가치를 상기시키는 의식Rituals이 되도록 했습니다.

스토리를 공유하는 방법에는 세 가지가 있습니다. 첫째는 직원들의 말입니다. 워크숍이나 부서별 활동에서 자신의 긍정 경험이나 생각을 말하는 시간을 최대한 확보했습니다. 직원의 말하기는 일종의 '간증' 역할을 합니다. 강사나 부서장이 말하면 잔소리로 들릴 수 있는 내용도 직원들의 경험에서 비롯된 스토리로 전달되면 힘을 가집니다. 다만 스토리에도 한계는 있습니다. '말하기'의 형태로는 스토리를 듣는 사람의 숫자가 제한됩니다. 한계를 극복하기 위해 선택할 수 있는 방법이 '컬처북'과 '영상'입니다. 컬처북은 매년 연말에 발간하

조이 인 워크 영상 콘텐츠

는 조직 문화 잡지입니다. 직원 인터뷰나 활동 후기, 긍정성을 고양하는 포스터와 에세이가 담겨 있습니다. 영상은 조이 인 워크를 설명하는 영상, 조직 문화 관련 인터뷰 영상, 그리고 직원이 직접 출연하는 짧은 드라마 등 다양한 형태로 제작할 수 있습니다.

언어와 상징물로는 포스터나 엠파시 티켓 등 조이 인 워크의 가치가 반영된 캠페인 물품을 활용했습니다. 이때 제작한 물품이 책상 서랍 어딘가에 잠들고 마는 일을 경계했습니다. 또는 수많은 게시물에 묻혀 눈에 띄지 않는 일을 피하려고 했습니다. 조이 인 워크에 필요한 교보재를 디자인할 때 세운 주요 원칙은 '병원답지 않게'였습니다. 병원에서 익숙하게 보던 이미지를 벗어나 시각적으로 새로워야 주목도를 높일 수 있기 때문이었습니다.

바이럴 페이 포스터

　　위 그림은 조이 인 워크 활동을 처음 시작할 때 제작했던 바이럴 페이Viral Pay■포스터입니다. 처음 기획할 때 '뮤직 페스티벌' 콘셉트로 제작했습니다. 공지 사항으로 가득 찬 게시판에 붙어 있을 때 시선을 끄는 게 목적이었습니다.

　　포스터나 물품을 제작할 때 톤앤매너를 일정하게 유지하지는 않았습니다. 조이 인 워크를 병원에서 브랜딩하려는 목적이었다면 디자

■ 직원들이 동료의 성과를 평가하고 보상하는 제도. 금전적 보상 대신 배지나 간단한 선물을 수여하는 방식으로 진행함.

인 톤을 일관되게 가져갔겠지만, 우리 목적은 현장의 주목을 받고 실행을 장려하는 것이었습니다. 톤앤매너를 일정하게 가져가면 익숙함이 지루함으로 변질될 수 있습니다. 주기적으로 톤을 변화시킨 포스터나 물품 등을 제작하여 조이 인 워크의 언어와 상징물을 지속적으로 노출시켰습니다.

조이 인 워크 활동이 의식이 되려면 스토리를 공유하는 활동 도구 Tool와 긍정성을 점화하는 상징물과 물품이 필요합니다. 스토리를 공유하는 활동 도구는 흥미로워야 하고, 담고 있는 내용이 의미 있어야 했습니다. 기획부터 실행까지 시간이 오래 걸릴 수밖에 없었습니다.

앞서 조이 인 워크 활동의 목표가 조직 분위기의 변화와 조직 문화 리더 그룹의 양성이라고 했습니다. 조직 문화 리더 그룹이 리더 역할을 하기 위해서는 스토리 – 의식 – 언어 – 상징으로 구성된 활동을 이끌 수 있어야 합니다. IHI의 조이 인 워크 백서에는 조이 인 워크에 대한 개념적 설명은 제시되어 있으나 실제로 병원에서 활용할 수 있는 콘텐츠가 거의 실려 있지 않았습니다. 조이 인 워크를 지속적으로 실행하려면 지속적으로 콘텐츠를 개발해야 합니다. 조이 인 워크의 목적에 맞는 콘텐츠를 조직 문화 리더가 현장에서 실행할 수 있어야 합니다.

조이 인 워크의 목적에 맞게 기획된 콘텐츠는 크게 세 가지로 분류할 수 있습니다. 첫 번째는 워크숍 콘텐츠입니다. 워크숍 콘텐츠는 조이 인 워크 프레임워크의 구성 요소에 대해 생각해 보는 '강의'와 '활동'으로 구성됩니다. 두 번째는 캠페인 콘텐츠입니다. 캠페인은 부서가 아닌 본부 혹은 병원 전체 활동으로 진행됩니다. 대부분이 부서 간 소통 혹은 직군 간 소통을 도모하기 위한 활동입니다. 세 번째는 스폿 콘텐츠입니다. 스폿 콘텐츠는 부서 단위의 활동 콘텐츠지만 워크숍 콘텐츠와 달리 '교안'에 해당하는 내용이 없습니다. 부서원끼리 삼삼오오 모여 진행하기 좋은 활동입니다. 조이 인 워크의 구성 요소 중 '공동체 의식'을 높이는 활동이 많습니다.

> **참고** 이 책에 강의 교안을 모두 담는 것은 불가능하므로 활동의 배경을 이해할 정도로만 압축하여 담았습니다. 이 책에서는 '교안'이라는 표현 대신 '스토리'라는 표현을 사용했습니다. 3분 이내의 내용에 교안이라는 표현을 붙이기엔 너무 무겁게 느껴졌기 때문입니다.

1장
워크숍 콘텐츠

콘텐츠는 다음과 같이 세 가지로 나누어 설명했습니다.

(1) 목적과 기획 배경

워크숍을 통해 도달하려는 목표와 취지를 설명합니다.

(2) 스토리 콘텐츠

조이 인 워크 워크숍 교안을 바탕으로 구성했습니다. 주제와 관련된 책을 바탕으로 한 교안에서 발췌한 것입니다. 워크북을 활용할 때 해당 내용을 읽거나 요약하는 방식으로 활용하면 됩니다.

엠파시 티켓이나 마음약방 같은 캠페인 형식의 활동에서는 책을 기반으로 한 설명은 없고, 바로 활동 안내 설명이 나오기도 합니다.

(3) 활동 안내

활동을 소개하고 구체적인 운영 방법을 설명합니다.

워크숍 콘텐츠에는 목적과 기획 배경, 스토리 콘텐츠, 활동 안내가 모두 포함됩니다. 캠페인과 스폿 콘텐츠에는 목적과 기획 배경, 활동 안내만 담았습니다.

NO	주제	활동	분류
1	환자 관점에서 우리 일 생각하기	엠파시 서클	의미와 목적 (Meaning&Purpose)
2	일상에서 가치 있게 일하기	잡 시뮬레이션	의미와 목적 (Meaning&Purpose)
3	번아웃 함정에서 벗어나 건강한 소통의 고리 만들기	나는 어떤 사람일까?	공동체 의식 (Camaraderie&Teamwork)
4	업스트림 방식으로 공감 피로 극복하기	이모션 다이어리 이모션 맵	안녕과 회복탄력성 (Wellness&Resilience)
5	마음챙김 관점에서 일의 의미 생각하기	나의 인생 철학 졸업식 축사 쓰기	의미와 목적 (Meaning&Purpose)
6	스트레스 상황 극복을 위한 자기 공감	자기 공감 틈새시간	안녕과 회복탄력성 (Wellness&Resilience)
7	일터에서 사회적 호위대 만들기	소셜 콘보이	공동체 의식 (Camaraderie&Teamwork)
8	팀으로 성장하기	피드포워드 만다라트 계획표	공동체 의식 (Camaraderie&Teamwork)
9	일의 감각은 어디서 올까?	일 잘하는 사람의 비밀	일상의 개선 (Daily Improvement)
10	함께 성장하는 공동체는 어떻게 만들어질까?	피드백 다이어리 댓글 읽기 챌린지	일상의 개선 (Daily Improvement)
11	후배가 늘어난다. 무엇을 하고 무엇을 하지 말아야 할까?	4L 회고	일상의 개선 (Daily Improvement)
12	일에서 중요하게 생각하는 것은 무엇일까?	일할 때 중요하게 생각하는 가치	의미와 목적 (Meaning&Purpose)
13	부정적인 감정에 파묻히지 않고 삶을 긍정하기	감정연표	안녕과 회복탄력성 (Wellness&Resilience)
14	타인의 감정이 나의 감정을 망치지 않게 하는 방법	바운더리 테스트 관계 매뉴얼	안녕과 회복탄력성 (Wellness&Resilience)
15	나다움 말하기	나의 핵심 서사 찾기	일상의 개선 (Daily Improvement)

환자 관점에서
우리 일 생각하기

분류	의미와 목적(Meaning&Purpose)

(1) 목적과 기획 배경

타인에 대한 우리 일의 영향력을 생각해 보는 활동입니다. 우리가 매일 익숙하게 수행하는 업무가 환자의 삶에 어떤 식으로 영향을 미치는지 상상하고 이야기를 나누며 일의 의미를 깊게 생각할 수 있습니다.

(2) 스토리 콘텐츠: 돌봄의 가치

하버드 의과대학 교수인 아서 클라인먼은 아내가 알츠하이머 병에 걸려 환자의 보호자가 되고 나서부터 돌봄Care의 가치가 무엇인지 진지하게 생각하게 됩니다.

돌봄의 경험이 양쪽 모두에게 주는 기쁨은 인간 삶의 경험을 값지게 한다. – 아서 클라인먼, 《케어》, 44쪽■

병원에서의 돌봄은 직원에게는 수많은 일상 중 하루일 수 있지만, 환자나 보호자에게는 쉽게 흘려 보낼 수 없는 하루입니다. 이 워크숍을 진행했을 때는 2020년이었습니다. 직전 해인 2019년에 저는 대학병원을 정말 자주 출입했습니다. 아버지께서 신경내분비종양으로 치료를 받으셨기 때문입니다. 상황이 호전되고 악화되기를 반복하더니 연말이 다가오자 담당 교수님은 저에게 '안 좋은 소식'을 전했습니다. 더 이상 방법이 없을 것 같다는 이야기였고, 다른 병원에서 치료 방법을 알아봐도 좋다고 하였습니다. 다른 병원에서 검사를 받던 중 아버지께서 몸이 급격히 안 좋아져 원래 진료받던 병원의 응급실로 급히 입원을 하셨습니다. 그리고 결국 그해 12월, 그 병원의 중환자실에서 돌아가셨습니다. 응급실에서 중환자실로 옮겼을 당시 담당 교수님을 만났습니다. 좋지 않은 상황이었지만 2년간 치료를 맡긴 담당 교수님을 만나니 안도감부터 들었습니다. 하지만 교수님은 저와 어머니를 보자마자 엄청나게 화를 냈습니다. 그 병원으로 갔으면 거기서 치료를 받아야지 왜 돌아왔냐고. 그러고는 한마디 덧붙였습니다.

"중환자실에서 상황이 안 좋아지면 저는 ○○○ 환자를 △△ 병원으로 쏴 버릴 테니 그리 아세요."

졸지에 저희 아버지는 택배 보내듯이 '쏴 버리는' 대상이 되었습니

■ 아서 클라인먼 저, 노지양 역, 《케어》, 시공사, 2020

다. 충격과 상처가 말도 안 되게 컸지만 아무런 말도 할 수 없었습니다. 그가 지금 당장 치료를 거부해 버리면 갈 곳이 없어지니까요. 다음 날 너덜너덜해진 마음으로 중환자실 면회를 갔습니다. 의식이 없는 아버지는 누워 계셨고, 그런 아버지의 발을 중환자실 간호사 선생님이 주무르고 있었습니다. 제가 가까이 간 줄 몰랐던 간호사 선생님이 저희 아버지께 혼잣말을 하는 것을 우연히 들었습니다.

"할아버지, 왜 이렇게 말랐어요. 얼른 일어나서 밥도 먹고 살도 찌고 손자들도 보셔야죠."

아버지를 물품처럼 취급하는 의료진도 있지만, 의식이 없어도 저희 아버지를 온전한 인격체로 존중하는 의료진도 있습니다. 전날 받은 상처가 크게 치유되었습니다. 그날 밤 혼자 일기를 썼습니다.

> '굳이 마지막 순간이 아니더라도 병원에 입원하면 의료진과의 관계를 통해 인간으로서의 존엄성을 느끼게 된다. Cure(치료)는 실패하더라도, Care(돌봄)는 성공할 수 있다.'

환자는 중증도가 높아질수록 세상이 좁아집니다. 가족과 의료진이 세상의 전부인 환자도 있습니다. 그런 순간에는 인간의 존엄성은 의료진과의 관계를 통해서만 느끼게 됩니다. 우리에게는 너무 익숙하고 사소한 일도 환자에게는 큰 의미로 다가갈 수 있습니다.

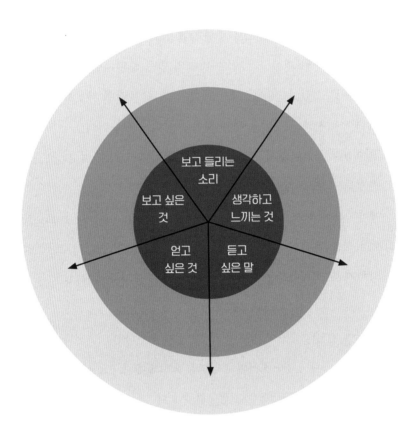

(3) 활동 안내: 엠파시 서클Empathy Circle

엠파시 서클은 환자의 시선에서 우리 일의 가치와 중요성을 생각해 보는 활동입니다. 환자가 일상에서 보고 느끼는 감각과 우리의 일상적인 업무를 연결하는 것입니다. 우리에게 너무 익숙하고 사소한 일이 환자에게 어떤 의미를 지니는지 생각할 수 있습니다.

실습

① 가장 안쪽에 있는 보라색 원에는 환자의 감각과 생각을 적습니다. 환자나 보호자 관점에서 '보고 들리는 소리', '생각하고 느끼는 것', '듣고 싶은 말', '얻고 싶은 것', '보고 싶은 것' 등을 메모지에 써서 붙입니다.

② 메모지 한 장에는 하나의 생각만 적습니다.

③ 정리되지 않은 구어체로 적어도 됩니다.

> **예** '집에 가고 싶어.'

④ 중간에 있는 원에는 우리의 업무를 분류합니다. 우리가 일상적으로 수행하는 업무, 말과 행동을 환자나 보호자의 감정과 생각에 연결합니다. 예를 들면 환자의 체온을 체크하는 일은 환자들이 '이제 퇴원하셔도 돼요.' '많이 회복하셨네요.' 등의 말을 들을 수 있게, 우리가 일상에서 꾸준히 하는 일로 분류될 수 있습니다.

⑤ 환자의 감정과 생각을 고려해서, 우리가 환자에게 할 수 있는

긍정적인 말과 행동에는 무엇이 더 있을까요? 가장 바깥쪽 원에 적습니다.

⑥ 활동 종료 후 어떤 생각을 했는지 공유하는 시간을 꼭 갖습니다. 이때 활동에 가장 적극적이었던 동료가 먼저 발표하도록 유도합니다.

⑦ 환자를 위한 긍정적인 말과 행동 중에서 지속적으로 실천할 사안을 개인별로 두 개, 부서별로 두 개 정도 선정합니다.

유의 사항

- 활동 후 느낀 점을 공유하는 시간을 반드시 갖습니다. 동료 간의 공유가 우리 일의 긍정성을 강화합니다.

- 첫 댓글이 중요합니다. 초반부터 환자나 일에 대한 부정적인 내용을 적은 메모가 붙지 않도록 주의합니다. 예시가 될 만한 메모를 몇 장 붙여 놓고 시작하는 것도 좋습니다.

- '환자 관점에서 생각하기 – 우리 일의 의미 찾기 – 우리 일 개선하기 – 마무리(Wrap up)'의 4단계를 시간을 두고 순차적으로 진행합니다(단계별로 4~7일 정도 소요).

일상에서
가치 있게 일하기

분류	의미와 목적(Meaning&Purpose)

(1) 목표와 기획 배경

일의 가치를 발견하는 활동입니다. 일을 하다 보면 가끔씩 '내가 다른 직업을 선택했으면 어땠을까?'라는 상상을 할 것입니다. 이런 상상은 대부분 '현실의 반작용'이 발생할 때 주로 합니다. 일과 일터의 단점만 크게 보이고, 이런 단점이 없는 직업이 좋아 보일 때가 많죠. 이럴 때 현실의 그림자에서 벗어나 내가 중요하게 생각하는 가치를 기준으로 일을 다시 바라보는 활동입니다.

(2) 스토리 콘텐츠: 천직 여행

미국의 논픽션 작가 포 브론슨은 '꿈을 따라' 직업을 바꾼 800여 명을 인터뷰하여 《천직 여행》▪이라는 책을 펴냈습니다. 자기계발서나 에

▪ 포 브론슨 저, 김언조 역, 《천직 여행》, 물푸레, 2009

세이 코너를 살펴보면, 회사를 다니다가 '어느 날 문득' 현재의 삶이 자신이 꿈꾸던 삶이 아님을 깨닫고 퇴사하는 과정을 다룬 책이 정말 많습니다. 이런 책의 저자는 주로 세계일주를 떠나거나, 자신이 꿈꾸던 책방을 차리거나, 여행작가가 되기도 하며, 또는 특별한 활동 없이도 퇴사의 삶을 낭만적으로 그립니다. 그러나 아무도 그 이후의 삶을 다루지 않습니다. 《천직 여행》은 퇴사할 때까지의 과정이나 퇴사 후 도파민이 가장 폭발하는 세계여행에 대한 책이 아닙니다. 오히려 아무도 다루지 않았던 그 이후의 삶을 탐구하는 책입니다. 많은 사람이 퇴사를 단순한 탈출로 여기는 반면, 브론슨은 그 뒤에 숨겨진 복잡한 현실을 탐구합니다.

이 책을 읽어 보면 퇴사 후 자신의 꿈을 좇은 사람들은 크게 세 가지 유형으로 나뉩니다. 첫 번째는 새로운 꿈, 즉 새로운 직업과 일이 천직처럼 잘 맞아 행복을 느끼는 경우입니다. 두 번째는 새로운 직업과 일이 예상과 달라 제3의 직업이나 혼돈에 빠지는 경우입니다. 세 번째는 새로운 직업과 일을 겪어 보니, 원래 하던 일이 오히려 더 행복하고 자신에게 잘 맞았음을 깨닫는 경우입니다. 이처럼 각기 다른 경로를 통해 사람들은 자신의 정체성과 삶의 방향을 재조명합니다. 흥미로운 점은 이들 모두가 해피엔딩Happy Ending이라고 부르기 어려운 상황에 처해 있다는 것입니다. 각자의 이야기는 'end'보다는 'and'에 가깝습니다. 원하는 행복을 찾은 사람도, 찾지 못한 사람도 계속해서 자신이 중요시하는 가치를 중심으로 일의 의미를 찾고자 노력합니다. 이 과정에서 사람들은 진정한 삶의 의미가 무엇인지, 그리고 자신의 가치를 어떻게 실현할지 고민합니다.

퇴사를 결심할 때는 대부분 자신의 일의 단점이나 당장의 어려운 상황에 휩싸여 있습니다. 현재 상황이나 감정의 반작용으로 퇴사를 선택하기 쉽습니다. 《천직 여행》에 나오는 등장인물도 비슷합니다. 자신의 삶의 가치를 중심으로 변화를 시도하는 것이 아니라, 현재의 어려움과 감정을 기준으로 판단한 경우에는 잘못된 선택을 하는 경우가 많습니다. 이로 인해 그들은 종종 예상치 못한 결과에 직면하고 더 큰 혼란에 빠지기도 합니다. 올바른 판단을 하기 위해서는 '일'이나 '상황'을 들여다보기에 앞서, 내가 중요시하는 가치를 먼저 고민해야 합니다. 가치가 뚜렷하면 같은 일도 다르게 할 수 있습니다. 없었던 의미가 새롭게 생겨날 수도 있습니다. 이 과정에서 우리는 일에서 의미를 찾아갈 수 있습니다.

'일에서 의미를 찾다'에 완료형을 쓸 수 없습니다. 모두 현재 진행형입니다. 삶의 여정은 끝없이 이어지며, 우리는 그 과정 속에서 끊임없이 일의 의미를 찾고 배우고 성장합니다.

잡 시뮬레이션 실습

'잡 시뮬레이션'은 선택의 기준이 되는 나의 가치를 알아보는 활동입니다.
현재의 나와 전혀 다른 상황을 상상하고, 직업을 선택하는 과정 속에서 '나는
어떤 기준으로 선택하는지' 살펴봅시다.

미국으로 유학 온 지 어언 10년. MIT에서 IT 기술을 공부하며 박사
학위를 받았다. 우수한 성적과 탁월한 논문을 선보였던 나는 다양한
기업과 기관에서 취업 제안을 받았다.

나는 어떤 선택을 할 것인가?

직업	직업의 특징	안정성 순위	사회적 지위	사회적 영향력	연봉 순위	업무강도 순위	성장	동료와의 관계
국가 기관의 화이트해커	공익을 위해 일을 할 수 있습니다. 대한민국의 국익을 지키는 데 가장 큰 역할을 하며, 향후에는 국가기관의 수장이 될 수 있습니다. 직장 내 분위기가 매우 좋아서, 동료 및 선후배와 즐거운 회사 생활을 할 수 있습니다.	1	1	1	4	5	5	1
IT 기업 NR개발자	팀장으로 스카우트됩니다. 국내 검색 분야의 일인자로 성장할 수 있으며, 임원도 가능합니다. IT 계열 대기업답게 복지가 매우 좋고, 부모님도 좋아하는 회사입니다. 원한다면 언론에도 자주 나가서 본인의 생각을 전파할 수 있는 기회도 많고, 나의 결정에 따라 IT 트렌드에 변화를 줄 수도 있습니다.	2	4	2	3	3	4	2
패션 스타트업 공동 창업	초반에는 조금 힘들어도 10년 후에는 크게 성공합니다. 업계에서 주목받는 CEO으로 성장할 수 있습니다. 초기 연봉은 높지 않지만, 지분 매각으로 가장 큰 부자가 될 수 있습니다. 밝은 조직 문화 속에서 일할 수 있지만, 대표라서 외롭거나 힘들 때도 많습니다.	4	2	3	5	1	1	3
해외 취업	구글 미국 본사에서 일합니다. 샌프란시스코에서 거주하며, 다양한 국적의 사람들과 좋은게 일을 합니다. 성과에 대한 부담과 가족과 떨어져 사는 것이 아쉽습니다. 구글에서 일하는 지부심은 있지만, 업무 난도는 높은 편입니다.	3	3	4	1	2	2	4
프리랜서	잘나가는 프리랜서로 스케줄을 능동적으로 조절할 수 있습니다. 일하면서 외로움을 느낄 때가 많습니다.	5	5	5	2	4	3	5

활동 1 : 직업을 선택한 이유와 잘할 수 있는 이유

1) 내가 그 직업을 선택한 이유 3~5개

2) 내가 그 직업을 잘할 수 있는 이유 5개 이하

활동 2: SPIRE 모델로 나의 일 생각해 보기

S	Strengths (강점)	[강점을 기준으로 나의 일 생각해 보기] 나는 _____ 을 잘하는 간호사다. 왜냐하면…
P	Personalization (개인화)	[의미를 기준으로 나의 일 생각해 보기] 나에게 일은 _____ 이다. 왜냐하면…
I	Integration (통합)	
R	Resonance (공명)	
E	Expansion (확장)	

SPIRE 모델: 의미 있는 일에 접근하기 위한 경로

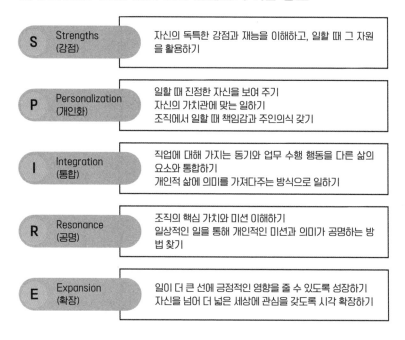

S	Strengths (강점)	자신의 독특한 강점과 재능을 이해하고, 일할 때 그 자원을 활용하기
P	Personalization (개인화)	일할 때 진정한 자신을 보여 주기 자신의 가치관에 맞는 일하기 조직에서 일할 때 책임감과 주인의식 갖기
I	Integration (통합)	직업에 대해 가지는 동기와 업무 수행 행동을 다른 삶의 요소와 통합하기 개인적 삶에 의미를 가져다주는 방식으로 일하기
R	Resonance (공명)	조직의 핵심 가치와 미션 이해하기 일상적인 일을 통해 개인적인 미션과 의미가 공명하는 방법 찾기
E	Expansion (확장)	일이 더 큰 선에 긍정적인 영향을 줄 수 있도록 성장하기 자신을 넘어 더 넓은 세상에 관심을 갖도록 시각 확장하기

(3) 활동 안내: 잡 시뮬레이션

잡 시뮬레이션은 내가 다른 직업을 가진 상황을 상상함으로써, 내가 일에서 중요하게 생각하는 가치를 발견하는 활동입니다.

■ Lindsay G. Oades et al, *The Psychology of Positivity and Strengths-Based Approaches at Work*, Wiley-Blackwell, 2016

실습

① 직업에 대한 가상의 평가표를 읽도록 안내합니다. 5분 정도 시간을 주는 것이 적절합니다. 만약에 과반수가 고개를 숙이고 여전히 읽고 있다면 시간을 더 주세요.

② 직업을 선택한 이유 세 가지와 잘할 수 있는 이유 다섯 가지를 쓰게 합니다. 이때 '나는 안정성을 중요하게 생각하는 사람이다.'라는 식으로 간단하게 쓰는 사람도 있습니다. 반드시 이유를 쓰도록 하세요. 이유를 쓰는 과정에서 내가 중요하게 여기는 가치에 대해 깊게 생각할 수 있습니다. 내가 일을 잘할 수 있는 이유를 쓸 때도 마찬가지입니다. 이유를 최대한 자세히 쓰라고 안내하세요.

③ 강점과 의미를 바탕으로 자신의 일을 정의하도록 합니다.

번아웃 함정에서 벗어나
건강한 소통의 고리 만들기

분류	공동체 의식(Camaraderie&Teamwork)

(1) 목적 및 기획 배경

자신의 취약성을 인정하고 나라는 존재를 긍정하는 활동입니다. 수치심과 죄책감을 분리하고 동료와의 건강한 소통을 통해 유대감을 형성하는 것이 목표입니다. 이 활동은 코로나19가 한창이던 시절에 동료 간의 소통을 통해 번아웃의 함정에서 벗어나도록 하는 목적으로 기획되었습니다. 자신의 취약성을 드러내는 활동을 진행하다 보면 자신이 중요하게 생각하는 가치를 발견할 수 있습니다. 조이 인 워크 구성 요소 중에서는 공동체 의식에 속하지만, 의미와 목적의 속성도 지니는 활동입니다.

(2) 스토리 콘텐츠: 마음 가면

하버드비즈니스리뷰에서 〈스스로를 번아웃시키는 5가지 함정〉이라는 기사가 발행된 적이 있습니다. 번아웃의 요인으로 '지나친 융화력 함정', '완벽주의자 함정', '가면증후군 함정', '과몰입 함정', '나는 아

무엇도 할 수 없다 함정'을 언급합니다. 번아웃의 원인에 관해 살펴보다 보면 가면증후군과 연결된 내용이 많습니다. 가면증후군이란 자신의 능력이나 성과를 과소평가하고, 언제든지 자신의 한계가 들통날까 봐 불안해하는 심리 상태를 말합니다. 성공한 사람일수록 이 증후군에 시달리는 사람이 많습니다. 남들이 보기에는 완벽해 보이지만, 정작 본인은 스스로를 '사기꾼'이라고 생각하는 것입니다.

스스로를 번아웃시키는 다섯 가지 함정

심리 전문가 브레네 브라운은 자신의 책《마음 가면》[■]에서 가면증후군을 낳는 주된 원인 중 하나로 '수치심'을 언급합니다. 우리는 모두 완벽하고 흠 없는 존재가 되기를 원하지만, 현실은 그렇지 않다는 것을 깨달을 때 수치심을 느낍니다. 이러한 수치심을 극복하기 위해 우리는 완벽한 모습을 연출하고 다른 사람의 인정을 갈구합니다. 수치심의 함정에서 벗어나려면 잘못된 행위와 나를 분리해야 합니다.

죄책감과 수치심

죄책감(Guilty)

: I did something bad.
(나는 나쁜 일을 했어.)

수치심(Shame)

: I am bad.
(나는 나빠.)

실수를 저질렀을 때 죄책감을 느끼는 사람과 수치심을 느끼는 사람이 있습니다. 죄책감을 느끼는 사람은 나의 행위에 주목하는 사람입니다. 내가 실수를 저질렀다면, 내 '행위'가 실수일 뿐 나라는 '존

■ 브레네 브라운 저, 안진이 역,《마음 가면》, 웅진지식하우스, 2023

재'가 실수인 것은 아닙니다. 수치심을 느끼는 사람은 나라는 존재 자체를 부정합니다. 악의를 가지거나 고의로 실수하거나 잘못하는 경우는 드뭅니다. 나의 행위와 나를 동일시하지 않아야 합니다.

수치심을 버리고 죄책감을 갖는다면 우리는 자신의 취약성을 찾기 쉽습니다. 내가 어떤 점이 약한지 솔직히 인정할 수 있습니다. 이렇게 취약성을 인정할 때 우리는 좀 더 강해질 수 있습니다. 취약성을 개선할 방법을 능동적으로 찾을 수 있기 때문입니다. 우리의 약함을 감추지 않고 드러낼 때 오히려 더 강해집니다.

> **'나에게 충분하지 못한 것 + 이유'를 10개 적어 주세요.**
>
> 나는 충분히 _____하지 못하다. 왜냐하면~

나는 어떤 사람일까?

'나에게 충분한 것 + 이유'를 10개 적어 주세요.

나는 충분히 _____하다. 왜냐하면~

개인 관계 속의 나 (친구, 가족 등)

일터에서의 나

개인의 취향

기타

(3) 활동 안내: 나는 어떤 사람일까?

《마음 가면》에 나오는 취약성 발견 활동을 병원 상황에 맞게 개선한 활동입니다. 《마음 가면》에서는 자신의 취약성을 발견하는 활동으로만 구성되어 있지만, 조이 인 워크에서는 긍정성에 주목하는 것을 기본 방향으로 설정했습니다. 취약함뿐만 아니라 강점에 대해 생각하는 활동도 추가하여 진행합니다. 이 활동을 하다 보면 단순히 나의 강점과 약점뿐만 아니라 '내가 나를 어떻게 인식하는지'를 알 수 있습니다.

실습

① '나는 충분히 △△하지 못하다.'라는 문장을 10개 씁니다.

② '나는 충분히 ○○하다.'라는 문장을 10개 씁니다.

문장을 살펴보면 내가 생각하는 '나'의 모습이 담겨 있는 경우가 많습니다. 가령, 저는 '나는 충분히 많이 먹지 못한다.'라는 내용을 썼습니다. 과거에는 정말 많이 먹었지만 지금은 더 이상 많이 먹지 못함을 한탄하는 내용입니다. '많이 먹는다'는 저에게 중요한 정체성이었습니다. 저는 키가 크고 덩치가 큰 것 외에 뚜렷한 개성이 없었는데 많이 먹는다는 속성은 저를 개성 있어 보이게 해 주었습니다. 저와 비슷하게 키가 크고 덩치가 큰 친구들과 구별될 수 있는 속성이었죠. 원래 많이 먹기도 했지만, 성장 과정을 거치면서 '많이 먹는 나'라는 특징은 저의 정체성에서 점점 중요한 부분을 차지했습니다. '나는 충분히 많이 먹지 못한다.'라는 문장은 과거의 제가 '대식'을 아주 확실한 정체성으로 생각하고 있었음을 보여 줍니다.

또 '나는 충분히 전문적이다.'와 '나는 충분히 전문적이지 못하다.' 라는 문장을 동시에 썼습니다. '나는 충분히 전문적이다.'라는 문장은 일을 할 때 느끼는 감정입니다. 고객사 담당자와 일할 때 딱히 어려움 이나 막힘이 없기 때문입니다. 고객사의 시선에서 나를 보면 '전문가' 로 볼 수 있다고 자부하였기에 이 문장을 썼습니다. 하지만 나의 시선 에서 나를 보면 조금 다릅니다. 조금만 더 노력한다면 훨씬 더 전문 적일 수 있다고 생각합니다. 하지만 온전하게 집중해서 고민하고 연 구할 시간이 없다 보니, 전문성을 기를 수 있는데 그렇지 못한 상황 에 아쉬움을 자주 느낍니다. 이런 이유로 저는 '나는 충분히 전문적이 다.'와 '나는 충분히 적문적이지 못하다.'라는 서로 상반되는 문장을 쓴 것입니다.

이 실습을 할 때 중요한 것은 이유를 쓰는 것입니다. '나는 충분히 ○○하다.', '나는 충분히 △△하지 못하다.'라는 문장만 쓰는 것은 의 미가 없습니다. 이유를 생각하고 쓰는 과정을 통해 내가 생각하는 나 에게 좀 더 다가갈 수 있습니다. 이 두 가지 활동은 10분에서 15분 정 도 시간을 갖고 진행합니다.

③ 두 가지 활동을 진행한 후에는 20~30분 동안 조별로 공유하는 시간을 갖습니다. 한 조의 인원은 6~8명이 적당합니다.

④ 공유를 마친 후에 '나는 어떤 사람일까?'라는 주제로 짧은 글을

씁니다. 꼭 앞에서 작성한 문장을 공유한 후에 나를 정의하는 시간을 가져야 합니다. 나의 이야기를 하고 동료의 이야기를 듣는 과정에서, 내가 어떤 사람인지 좀 더 명확한 언어로 정의할 수 있기 때문입니다.

업스트림 방식으로
공감 피로 극복하기

| 분류 | 안녕과 회복탄력성(Wellness&Resilience) |

(1) 목적 및 기획 배경

공감 피로는 칼라 조인슨 박사가 간호사의 번아웃을 설명할 때 처음
사용한 용어입니다. 이번 활동은 공감 피로로 인해 발생하는 부정적
인 감정을 정확하게 인식하고 해결책을 찾는 활동입니다. 공감 피로
를 극복하기 위해 진행되는 활동이지만 진행하다 보면 공감 피로 외
에 다른 이유로 발생하는 부정적인 감정 관리에 대한 이야기도 나누
게 됩니다.

(2) 스토리 콘텐츠: 업스트림

친구와 함께 강가에서 소풍을 즐기고 있는데 강 위쪽에서 다급하게
외치는 소리가 들립니다. 어린아이가 물에 빠져 허우적대고 있습니
다. 두 사람은 곧장 물에 뛰어들어 아이를 구해 강가로 데리고 나왔습
니다. 그런데 숨 돌릴 틈도 없이 또 다른 아이가 도움을 요청합니다.
고개를 들어 상류를 바라보니 아이들이 끝없이 떠내려오고 있습니

다. 이때 친구가 갑자기 나를 두고 물 밖으로 나갑니다.

"어딜 가는 거야?"

"상류로 가서 아이들을 물속에 던져 넣는 놈을 잡으려고."

댄 히스의 《업스트림》▪에 나오는 일화입니다. 업스트림 개입이 어떤 방식을 뜻하는지 잘 설명합니다. 업스트림Upstream이란 본래 강의 '상류'를 의미하지만 댄 히스는 문제가 아예 발생하지 않도록 막는 전략적 행동에 비유합니다. 반대말인 다운스트림Downstream은 문제가 발생한 뒤에 대응하는 것을 의미하죠. 그는 문제의 근원을 파악하고 해결하는 업스트림의 가치를 역설하면서도 우리가 다운스트림에 머물며 업스트림에 도달하기 어려워하는 원인을 분석합니다.

업스트림 개입을 주저하게 만드는 이유에는 크게 세 가지가 있습니다. 첫 번째는 안전 불감증입니다. 스포츠 트레이너이자 의사인 마커스 엘리엇은 '운동을 하다가 다치는 것은 당연하지 않다.'라고 말합니다. 부상과 같은 문제는 사전에 예방할 수 있는 문제임에도 쉽게 간과해 버리기 때문에 발생을 막기 어렵습니다. 두 번째는 주인의식입니다. 일하는 사람에게는 심리적 적격 기준이 존재합니다. '내가 이 문제에 나서도 되는가?'를 내적으로 판단하는 기준 때문에 업스트림 개입을 주저하게 된다는 뜻입니다. 마지막은 터널링 증후군입니다.

▪ 댄 히스 저, 박선령 역, 《업스트림》, 웅진지식하우스, 2021

터널링이란 심리학자 엘다 샤퍼와 센딜 멀레이너선이 《결핍의 경제학》[■]이라는 책에서 제안한 개념입니다. 시간이나 재화 같은 필수 요소가 결핍된 환경에서는 제대로 된 사고와 결정이 이루어지기 어렵다는 이론이죠. 복잡다단한 현대를 살아가는 우리는 당장 눈앞에 있는 문제를 처리하느라 대비가 필요한 중요한 사안은 급박해질 때까지 미루곤 합니다.

공감 피로에도 업스트림 방식으로 대응해야 합니다. 이미 공감 피로가 쌓인 후에 회복하려고 노력하기보다 쌓이지 않도록 예방하는 것이 더 효과적입니다. 의료진이 환자를 돌보다 보면 어느 정도의 감정적인 소진을 당연하고 자연스럽게 받아들이기 쉽습니다. 소진을 직업이나 환경적인 특성 정도로 치부하는 것입니다. 이는 《업스트림》에서 지적한 안전 불감증에 해당합니다. 공감 피로가 발생하기 쉬운 상황에 노출되는 것을 막을 수는 없지만, 그렇다고 공감 피로가 자주 발생하는 일을 당연시하면 안 됩니다. 우리는 공감 피로에서 스스로를 지켜 내야 합니다.

공감 피로로부터 효과적으로 나를 지킬 수 있는 방법으로는 '감정 세분화Emotional Granularity'가 있습니다. 우리는 자신의 감정을 정확하게 구분하고 인지하지 못하는 경우가 많습니다. 가령 '나 요즘 기분

■ 센딜 멀레이너선, 엘다 샤퍼 공저, 이경식 역, 《결핍의 경제학》, 알에이치코리아, 2014

이 안 좋아.' 혹은 '나 요즘 힘들어.'라고 말하는 상황을 떠올려 봅시다. '요즘'이라고 하지만 그게 언제부터 언제까지인지 모호합니다. 게다가 '요즘'이라는 단어로 내가 겪는 모든 시간을 부정적인 시간으로 묶어 버립니다. 아무리 힘든 시기이더라도 자세히 들여다보면 항상 힘들지만은 않습니다. 오로지 안 좋기만 한 하루는 없습니다. 하지만 '요즘'이라는 표현은 나의 모든 시간을 부정적으로 색칠해 버립니다. '기분이 안 좋아.', '힘들어.'라는 말들도 마찬가지입니다. 내가 경험하는 수많은 감정을 단순한 표현으로 뭉뚱그려 버립니다. 소설가 김영하는 어느 TV 프로그램에서 자신은 학생들에게 절대 '짜증 난다'라는 표현을 쓰지 못하게 한다고 이야기했습니다. 수많은 감정이 '짜증 난다'라는 표현 앞에 하나로 뭉개져 버리기 때문입니다.

자신의 감정을 정확히 세분화하고 인지하는 사람은 감정의 원인도 정확하게 알 수 있습니다. 감정을 쉽게 통제하고 역경을 극복할 수 있습니다. 공감 피로에서 벗어나기 위해서는 나의 감정을 들여다보고 세분화해야 합니다.

EMOTION DIARY   ___월 ___일

오늘 나의 감정 경험

감정 세분화

감정 세분화	감정 평가(1점~10점)

감정 분류표 ■

Angry 분노	Sad 슬픔	Anxious 불안	Hurt 상처	Embarrassed 당황	Happy 행복
툴툴대는	실망한	두려운	질투하는	격리된	감사한
좌절한	비통한	스트레스 받는	배신당한	시선을 의식하는	신뢰할 수 있는
짜증 내는	후회되는	취약한	고립된	외로운	편안한
방어적인	우울한	혼란스러운	충격받은	열등한	만족한
약이 있는	비교되는	당혹스러운	궁핍한	죄책감의	흥분한
안달하는	염세적인	회의적인	희생된	부끄러운	느긋한
억거운	눈물 나는	걱정스러운	억울한	혐오스러운	안도하는
노여워하는	막힌	조심스러운	괴로워하는	한심한	신이 난
귀찮아하는	환멸을 느끼는	초조한	버려진	헷갈리는	자신 있는

이모션 맵

> 부정 감정

> 부정 감정

> 긍정 감정

> 긍정 감정

■ 하버드 의과대학 심리학 교수 수전 데이비드의 감정 분류표를 변형함. Susan David, *3 Ways to Better Understand Your Emotions*, HBR, 2016, https://hbr.org/2016/11/3-ways-to-better-understand-your-emotions

(3) 활동 안내: 이모션 다이어리, 이모션 맵

감정을 세분화하는 활동은 이모션 다이어리Emotion Diary와 이모션 맵 Emotion Map이라는 두 가지 활동으로 구성되어 있습니다.

실습: 이모션 다이어리

① 오늘 내가 느낀 감정을 시간대별로 자유롭게 씁니다. 의식의 흐름대로 여과 없이 써내려 갑니다. 단순히 좋다, 나쁘다, 짜증 난다라는 식으로 쓰지 않고, 구체적으로 어떤 사건이 발생해서 어떤 감정을 느꼈는지 상세하게 씁니다.

② 하루 동안 느낀 감정을 감정 분류표를 기준으로 분류합니다.

③ 부서에서 활동할 때는 1~2주 정도 기간을 두고 다이어리를 적어도 됩니다. 매일 혹은 이틀에 한 번꼴로 이모션 다이어리를 작성합니다.

실습: 이모션 맵

① 이모션 다이어리에서 가장 강하게 느낀 감정 혹은 가장 자주 느낀 감정을 고릅니다. 긍정과 부정, 각각 두 개씩 고릅니다.

② 부정 감정에 대해 쓸 때에는 그 감정을 해결할 수 있는 방법을 함께 적습니다. 방법을 적을 때에는 S.M.A.R.T(구체적Specific, 측정 가능한Measurable, 달성 가능한Achievable, 현실적Realistic, 기한이 있는Time-bound) 원칙에 따라 적습니다.

예 업무 스트레스가 너무 심할 때는 2시간 안에 선배에게 도움을 요청한다.

예 짜증 강도가 10 이상인 날에는 가장 친한 친구와 함께 떡볶이를 먹는다.

마음챙김 관점에서
일의 의미 생각하기

분류	의미와 목적(Meaning&Purpose)

(1) 목적 및 기획 배경

워라밸, 즉 '워크 앤 라이프 밸런스Work and Life Balance'를 지키는 것은 중요합니다. 하지만 워라밸이라는 단어는 일과 삶을 대립적으로 바라보게 하는 부작용을 가져오기도 합니다. 이번 활동은 일 vs 삶이라는 이분법적인 시각에서 벗어나 나의 가치를 기준으로 일과 삶을 통합하는 활동입니다.

(2) 스토리 콘텐츠: 워라밸이라는 거짓말

저는 최근에 의사 선생님께 살을 빼라는 이야기를 들어서 조깅을 시작했습니다. 며칠 전에도 한강공원을 뛰는데, 앞에 두 사람이 조깅을 하는 게 눈에 띄었습니다. 그들과 제 속도가 비슷하다 보니, 제가 계속해서 그들의 뒤를 따라 뛰게 되었습니다. 20분 이상을 꾸준히 뛰는 동안 저와 그들의 속도는 변화가 없는데 한강공원의 조명에 따라 그들과 제가 환하게 빛나기도 하고 어두워지기도 했습니다. 문득 저 두 사람과 제가 뛰는 모습이 우리가 일터에서 일을 하는 모습과 비슷하다는 생각이 들었습니다. 우리는 언제나 성실하게 일합니다. 변함없이 성실하게 일을 하지만 잘한다는 평가를 받을 때도 있고 부족하다는 평가를 받을 때도 있습니다. 일터에서 행복할 때도 있고 불행할 때도 있습니다. 내 노력과 상관없이 말이죠. 저와 두 사람이 환하게 빛나는 시간과 어둠에 묻히는 시간을 선택할 수 없었던 것처럼 말이에요.

그들이 뛰는 모습을 통해 제가 일하는 모습을 되돌아보니, 일터에서 어두운 시기에 있어도 너무 절망하거나 슬퍼할 필요가 없고, 빛나는 시기에 있어도 으쓱할 이유가 없다는 생각이 들었습니다. 그 두 사람은 반포대교까지 뛰었습니다. 두 사람이 어두운 곳에 있든 밝은 곳에 있든 신경 쓰지 않고 뛸 수 있었던 이유는 누군가가 칭찬을 해서가 아니라 반포대교까지 완주하겠다거나 저처럼 살을 빼야겠다거나 하는 목표가 명확했기 때문입니다.

우리가 일을 할 때도 비슷합니다. 하루의 대부분을 일터에서 보내니 삶의 많은 시간을 일하면서 보내게 될 텐데요. 일이 시시포스의 형벌처럼 매일같이 반복되는 괴로운 짐처럼 느껴지지 않기 위해서는 일이 내 삶에 주는 의미가 있어야 합니다.

일의 의미를 찾기 위해서는 우선 워라밸의 함정에서 벗어나야 합니다. 모르텐 알베크의 《삶으로서의 일》■이라는 책에서 '워라밸'이라는 표현은 우리의 일을 삶에서 분리해 내는 '언어 조작'이라고 이야기합니다. 일할 때의 한 시간이나 가족과 보내는 한 시간이나 나를 위해 보내는 시간이므로 모두 똑같이 소중합니다. 일할 때의 나, 가족이나 친구와 함께 있을 때의 나, 이 모든 것이 나입니다. 우리는 한 명의 사람으로 태어나 한 명의 사람으로 죽습니다. 일하는 사람, 노는 사람, 가족과 시간을 보내거나 여가를 보내는 사람으로 구분할 수 없습니다. 워라밸이라는 단어로 일과 우리 삶을 대립적으로 보고 일을 우리 삶에서 분리하지 않고, 일을 우리 삶 속에서 이해해야 합니다. 그러기 위해서는 일을 통해 얻을 수 있는 만족, 행복, 그리고 의미를 찾을 수 있어야 합니다.

만족이라는 것은 기본적인 욕구의 충족을 뜻합니다. 삶의 기쁨이 될 수는 없으나 괜찮은 삶을 살게 해 주고 삶을 편리하게 해 주는 요건이라고 말하고 싶습니다. 일을 통해 얻을 수 있는 만족으로는 대표적으로 돈이 있죠. 돈을 많이 벌면 편한 삶을 사는 데 도움이 됩니다. 또 뭐가 있을까요? 승진도 이에 해당합니다. 일을 통해 우리가 얻는 만족은 처음 생기면 되게 좋은데, 생기고 나면 뭔가 당연하게 여겨집니다. 하지만 없으면 좀 불편하죠.

행복은 무엇일까요? 모르텐 알베크는 순간적으로 모든 것이 맞아들어가는 아름다운 경험이라고 말합니다. 기쁨의 절정이고, 순간적으로 확 타오르는 열정의 순간이라고 묘사합니다. 정리하면 감정적

■ 모르텐 알베크 저, 이지연 역, 《삶으로서의 일》, 김영사, 2021

인 순간입니다. 일을 하면서 느끼는 감정적인 순간에는 어떤 것들이 있을까요? 기본적인 보상을 떠나 성취감을 느끼는 순간이 있을 수 있고, 고객이나 환자, 보호자와의 관계를 통해 보람을 느끼는 순간도 있을 것입니다. 동료들과 연대감을 느끼는 순간도 있고요. 순간적으로 모든 것이 맞아 들어가는 완벽한 경험이란 감정적으로 완벽하게 행복한 순간을 말하겠죠. 특징은 비일상적인 것이라고 합니다.

의미로는 무엇이 있을까요? 모르텐 알베크는 삶을 통해 축적된 지식을 갖추고, 자기 가치를 깨닫고, 자기 존중을 갖는 것이라고 했는데, 조금 풀어서 생각해 보면 기본적인 욕구에 해당하는 만족이나 감정적인 행복을 넘어 일에서 삶의 가치를 발견하는 것입니다. 일터에서 삶의 가치를 찾아 구현하는 사람이면 스스로에 대한 존중감이 강해집니다. 여기서 주목해야 할 점은 일에서의 의미 자체는 단순히 행복하다, 불행하다의 단계를 넘어선다는 점입니다. 불행하고 힘든 일도 내 삶에 의미를 줄 수 있습니다.

반포대교까지 조깅하던 두 사람은 행복했을까요? 행복했을 수도 있지만 재미없고 지루했을 수도 있어요. 그렇지만 힘들어도 의미 있으니까 계속 뛰는 거예요. 〈쇼미더머니〉 시즌 10에 지플랫이라는 래퍼가 나왔습니다. 배우 최진실 님 아들이라고 합니다. 그의 아버지, 어머니, 삼촌은 모두 우울증으로 자살했습니다. 이 래퍼가 나와 가족에 대한 이야기를 다 털어놓고, 더 이상 사람들이 가족 이야기를 궁금해하지 않도록 다 정리하고, 음악으로만 평가받겠다는 취지로 이야기를 했습니다. 그런데 심사위원인 염따가 이야기하더군요. 오히려 그런 이야기를 음악에 담아야 한다고 말이죠. 자신도 아버지가 돌아가시고 형편없는 인간처럼 살다가 이야기를 음악에 담아내자 제대로 된 인간처럼 살아갈 수 있었다고 합니다. 아버지가 돌아가신 것은 명백한 불행이고 피할 수 없는 일이었지만, 불행 속에서 삶의 의미를 찾는 것은 자신의 선택이고 그렇게 찾은 의미는 자신과 삶을 성숙하고 충만하게 만들어 주었다고 합니다.

의미를 기준으로 보면 일에서 경험하는 어려움이 사람마다 다를 수 있습니다. 일할 때 스트레스가 심하면 삶이 행복하지 않다는 느낌이 듭니다. 그런데 곰곰이 생각해 봤습니다. 일하면서 스트레스가 없을 때는 언제일까 생각하면 그동안 해 오던 일을 익숙하게 할 때입니다. 작년에 하던 일, 재작년에 하던 일을 익숙한 사람들 사이에서 익숙하게 해 내면 스트레스가 없습니다. 스트레스는 익숙한 나를 벗어나는 순간에 발생합니다. 그런데 익숙함에서 벗어나는 것은 성장에 필수적입니다. 스트레스를 받는 상황이 힘들겠지만 나쁘다고 할 수는 없습니다. 만족을 기준으로 보면 불만족스럽게 느낄 수 있지만, 행복을 기준으로 보면 불행하다고 볼 수만은 없을 것입니다. 모르텐 알베크는 이야기합니다. "우리는 일어나서 일하러 가는 것이 아니라 내 삶 속으로 들어가는 것이다." 일이 삶에서 분리되지 않으려면 퇴근 후의 삶만이 나를 위한 삶이라는 착각에서 벗어나 일을 '의미'의 관점에서 볼 수 있어야 합니다.

나의 인생 철학 12문 12답

간호사: _____

1. 당신이 가장 피하고 싶은 상황은 무엇인가?

2. 당신이 받은 교육에서 가장 중요한 부분을 꼽는다면?(학교, 가족, 일터에서 배운 내용 모두 포함)

3. 당신에게 가장 큰 영향을 미친 사람은 누구인가?

4. 당신에게 세상을 변화시킬 능력이 주어지면 어떤 것들을 바꾸고 싶은가?

5. 가장 좋아하는 단어 하나만 꼽으면?

6. 아무리 돈을 많이 준다고 해도 결코 하지 않을 행동이 있다면?

7. 당신을 괴롭히는 마음의 짐이 있는가?

8. 지인들이 꼽는 당신의 장점은 무엇인가?

9. 좌우명은 무엇인가?

10. 마지막 식사를 선택할 수 있다면 무엇을 먹겠는가?

11. 괜찮은 죽음이란 무엇이라고 생각하는가?

12. 인생의 의미란 무엇인가?

세계적인 간호사 _____의 졸업 축사

존경하는 총장님과 교수님

그리고 오늘의 주인공이신 졸업생 여러분과 친지 여러분, 저는 삼성서울병원이 낳은 세계적인 간호사 _____입니다. 오늘은 날씨조차 여러분의 졸업을 축하하듯 화창한 것 같습니다. 이 자리에서 설 수 있어 영광입니다. 잘 아시다시피 저는 삼성서울병원의 간호사입니다. 제가 어쩌다가 삼성서울병원에 입사했을까요?

```
(입사한 이유를 쓴다.)




```

저의 인생 철학은_____입니다. 제가 걸어온 길을 되돌아볼 때 분명하게 떠오르는 이미지는, 제 삶의 철학이 _____
_____이라는 것입니다.

```
(인생 철학 문답 중에서 내 삶의 대표적인 철학이라고 생각하는 부분을 쓴다.)




```

（박스）

저는 일을 하면서 느꼈던 이 철학을 나의 동료와 후배들, 환자 보호자들과 나누고 싶었습니다.

(삶의 철학을 일터에서 실현할 수 있는 방법을 자유롭게 쓴다.)

이 과정을 통해 제가 몸담은 삼성서울병원이 _____ 하게 되기를 원했습니다. 이것이 제가 일에서 의미를 찾는 방법이었습니다. 저는 삼성서울병원에서 일을 하면서 제 삶의 의미를 찾아갈 수 있었습니다. 내 삶의 철학을 바탕으로, 이 철학을 일터에서 실천하기 위해 끊임없이 추구하는 과정 속에서 내 일과 삶이 하나가 된 삶이 펼쳐질 것입니다. 일상의 작은 실천이 습관이 되고, 습관은 소명이 되어 여러분의 앞길을 이끌어 주리라 생각합니다. 이쯤에서 두서 없는 저의 축사를 마무리합니다. 감사합니다.

(3) 활동 안내: 나의 인생 철학, 졸업식 축사 쓰기

실습: 나의 인생 철학

① 나와 인터뷰한다는 생각으로 '나의 인생 철학'을 작성합니다. 만약 시간이 충분하면 2인 1조로 진행해도 좋습니다. 동료끼리 인터뷰하고, 서로를 소개하는 내용을 발표하는 것입니다. 다만 이렇게 하면 시간이 굉장히 오래 걸릴 수 있습니다. 나와의 인터뷰는 10분이면 충분하지만, 2인 1조 인터뷰는 20~30분이 걸립니다. 이럴 땐 12개의 질문을 모두 하지 않고, 3~5개 정도만 골라서 진행해도 됩니다.

② 답을 적거나 대답을 할 때 항상 이유를 말합니다.

③ 조별로 공유합니다. 모든 답변을 공유하면 시간이 오래 걸리므로 3개 정도만 뽑아서 공유합니다.

실습: 졸업식 축사 쓰기

저는 삼성생명에서 회사 생활을 시작했습니다. 회사를 다니면서 내가 정말 원하는 것이 무엇인지 고민을 많이 했습니다. 그때 찾은 저의 꿈은 역사소설 작가였습니다. 역사소설 작가라는 꿈이 생기는 순간 제가 하던 일에서도 새로운 의미가 생겼습니다. 기존에는 먹고살기 위해 다니던 직장이 꿈을 이루게 해 주는 소중한 터전으로 변하는 경험을 했습니다. 작가 앨런 랭어가 말한 마음챙김을 통해 새로운 가능성을 발견한다는 것이 어떤 의미인지 체감했습니다.

이 과정에서 효과가 있었던 훈련은 '2048년 노벨문학상 수상 기념 연설문 쓰기'였습니다. 2048년에 노벨문학상을 수상한다는 가정하에 연설문을 썼습니다. 자연스럽게 삶의 목표를 이루는 과정에서 현재 직장 생활이 어떤 의미를 가질지 되새기게 되었습니다. 병원 의료진은 각자 세계적인 인물이 되어 모교에서 연설하는 상황을 가정하고 글쓰기를 진행합니다.

① 앞서 작성한 '나의 인생 철학'을 기반으로 글을 씁니다.

② 작성한 후에는 조별로 공유합니다. 이때 반드시 소리 내어 읽습니다.

③ 듣는 사람들은 정말 졸업생인 것처럼 열광적인 환호와 박수를 보냅니다.

④ 조별 활동을 한 이후에 전체 공유를 하는 시간을 갖습니다. 각 조에서는 발표자를 미리 선발합니다.

스트레스 상황 극복을 위한 자기 공감

분류 | 안녕과 회복탄력성(Wellness&Resilience)

(1) 목적 및 기획 배경

일터에서 자기 공감을 통해 스트레스를 효과적으로 관리할 수 있습니다. 부정적인 감정이나 경험에서 '나'를 분리하고, 스스로 회복하는 방법을 익히는 활동입니다.

(2) 스토리 콘텐츠: 완벽하지 않아도 충분한 나

얼마 전에 친한 동생을 만나 저녁을 먹었습니다. 그가 근무하는 회사에서 부서 이동이 있었다고 하더군요. 부서가 바뀌고, 직무가 바뀌고, 사람도 바뀌다 보니 스트레스가 이만저만이 아닌 모양이었습니다. 일뿐만 아니라 관계에서 오는 스트레스가 커 보였습니다. 동생은 대화 마지막에 이런 얘길 했습니다. "형, 나도 내가 너무 어려워요. 일에서 받는 스트레스를 얘기했는데요. 곰곰이 생각해 보니 일이 어려운 것도 아니고, 상황이 어려운 것도 아니고, 사람이 어려운 것도 아니에요. 결국 감당하지 못하고 견디지 못하는 내가 어려웠던 거죠." 동

저녁을 먹으면서 그 동생이 부서가 바뀐 이야기를 하더라고요

병원교육 앱 '에픽어스'에서 갈무리

생이 그토록 힘들었던 이유는 스스로가 세운 기준 때문이었습니다. '나는 유능한 사람이어야 해.', '나는 다른 사람과 관계가 좋은 사람이 야.'라는 기준이 스스로를 옭아맨 것이었죠. 환경이 바뀌니 스스로 그 기준에 못 미치는 사람이 되었고, 그럴수록 자신을 엄격하게 평가했 습니다. 타인에게 공감을 잘하는 것이 바람직하다는 것은 모두가 알 고 있어요. 그런데 타인에게는 관대하고 공감도 많이 하고 위로도 많 이 하는 사람일수록 자신에게는 엄격하고 스스로를 비판하는 경향이 있습니다. 이를 '자기 판단'이라고 합니다. 엄격하게 자기 판단을 하 는 이유는 성장하려는 의지가 강해서입니다. 스스로에게 좀 더 엄격 해야 책임감을 갖고 성장할 수 있다는 생각이 엄격한 자기 판단으로 이어집니다. 하지만 실제로는 그 반대입니다. 자신에게 엄격한 사람

보다 자기 감정과 생각에 충분히 공감하고, 약간은 관대한 사람이 더 강한 의지를 갖고 성장할 수 있습니다. 켈리 맥고니걸과 마크 리어리는 '도넛'을 가지고 자기 공감이 의지력에 미치는 영향을 실험했습니다. 두 그룹의 여성에게 도넛을 먹으면서 다큐멘터리를 시청하도록 했습니다. 그중 한 그룹에게만 이런 메세지를 전달했어요. "가끔은 이렇게 몸에는 나쁘지만 달콤한 음식을 먹으며 여유롭게 시간을 보내는 것도 괜찮답니다. 스스로에게 너무 가혹할 필요가 없어요." 그리고 두 그룹에게는 마음껏 먹을 수 있는 사탕도 함께 제공했습니다. 연구원에게서 자기 공감의 메세지를 들은 그룹은 28g의 사탕을 먹었습니다. 반면 메세지를 듣지 못한 그룹은 70g의 사탕을 먹었죠. 결국 스스로에게 좀 더 관대한 사람이 좀 더 강한 의지력을 발휘한다는 것이 드러난 셈입니다. 자기에게 필요한 공감을 할 수 있는 이들이 성장하려는 의지도 강할 수 있습니다.

자기 공감은 의지를 강하게 할 뿐만 아니라 스트레스 상황으로부터 스스로를 자유롭게 합니다. 스탠퍼드대학교 리 와이스 교수는 스트레스와 번아웃 비율이 굉장히 높은 의료진을 대상으로 연구를 진행했습니다. 연구 결과, 자기 공감의 빈도가 높은 사람일수록 일터에서의 스트레스 강도가 낮음을 확인했죠. 또한 환자들 또한 해당 의료진에게 받은 치료 경험에 높은 점수를 주었습니다. 자기 공감이 일터에서 스트레스를 완화시키고, 업무 성과에도 영향을 주는 것이죠. 성장의 관점에서나 스트레스 관점에서나 자기 공감은 효과적입니다.

그렇지만 일터에서 정신없이 일하다 보면 습관적으로 자기 공감보다는 자기 판단을 하기가 쉽습니다. 스스로를 부족하다고 느끼기도 하며, 스트레스를 만드는 상황이나 부정적인 감정에 휩쓸리기도 쉽습니다. 일터에서 이런 상황을 만나면 자기 감정에 공감하는 데 1시간, 아니 10분도 시간 내기 어렵습니다. 그런데 다행인 점은 자기 공감에는 그렇게 긴 시간이 필요하지 않다는 것입니다.

자기 공감을 연구한 크리스틴 네프 교수에 따르면 '자기 공감 틈새시간'이라는 아주 짧은 시간으로도 자기 판단과 부정적인 감정의 흐름에서 벗어나 긍정성을 회복할 수 있습니다. 자기 공감 틈새시간은 3단계로 이루어집니다. 첫 번째 단계는 '심호흡'입니다. 아주 잠시 동안 크게 심호흡을 하고, 오른손을 가슴에 올려놓습니다. 심호흡은 왜 할까요? 물론 호흡 자체도 의미 있지만, 호흡을 변화시키고 몸을 움직이는 것이 중요합니다. 마음가짐을 바꾸기는 어렵지만, 몸을 바꾸기는 쉽습니다. 손을 가슴에 올려놓는 작은 움직임으로도 부정적인 감정과 생각의 흐름을 순간적으로 끊어 낼 수 있죠. 두 번째 단계는 '나에게 찾아온 불편한 감정과 나의 불완전함을 긍정하기'입니다. 내 삶의 불편함과 불완전함이 곧 부족함을 의미하지 않습니다. 내 삶에 여러 가지 불편함이 있고, 나 스스로도 불완전하다고 느끼더라도 그것으로 '충분한 삶'일 수 있습니다. 불완전함이 극복의 대상이 아닌 긍정의 대상이 될 수 있습니다. 세 번째 단계는 '친구에게 말하듯 스스로에게 공감의 메세지 전하기'입니다. 우리는 어려움을 겪는 친구에겐 성심성의껏 좋은 말을 해 주지만 정작 자신에겐 그러지 못합니다. 나와 비슷한 상황에 놓여 있거나 같은 고민을 가진 친구가 있다면 여러분은 어떤 말을 건넬 건가요? 친구에게 베푸는 따뜻함을 스스로에게도 전해 보는 것입니다.

저는 자기 공감 틈새시간 중에서 '불편한 감정과 불완전함을 긍정하기'가 가장 어려웠습니다. 내가 원하지 않는 나를 인정하는 일이 힘들었습니다. 이게 조금은 수월해진 시점은 내가 원하지 않는 나의 모습을, 나라는 존재와 분리하면서부터입니다. 예를 들면 경쟁에서 뒤처지는 듯한 느낌이 들 때, 기존에는 스스로를 '질투가 많은 사람'이라고 정의하곤 했습니다. 제가 원하지 않는 모습이었죠. 하지만 생각을 바꿔 보았습니다. 원래 내가 질투가 많은 사람이라고 생각하는 대신 '내 안에 누군가를 질투하는 마음이 있다.'라고 생각하는 것이죠. 직장에서 화가 나는 일이 생기면 '나는 화가 많은 사람이야.' 대신 '지금 나에게는 참지 못하고 화내고 싶은 마음이 있어.'라고 생각하는 것입니다. 나의 부정적 감정을 이해하고 나면 타인에 대한 공감 능력도 좋아집니다. 화난 나를 이해할 수 있으니 화내는 타인도 이해할 수 있는 것이죠. 나에게 엄격하면 타인을 엄격히 평가할 수밖에 없겠지만, 불완전한 나에게 공감할 수 있다면 불완전한 타인에게도 공감할 수 있습니다. 타인에게 공감하고 관대해지면 타인에게 받는 스트레스 역시 줄어듭니다. 내가 완벽하지 않음을 긍정한다면 내가 일하는 환경에서 불편하고, 부족하고 아쉬운 점이 있더라도 부정적인 감정에 매몰되지 않을 수 있습니다. 자기 공감만으로 스트레스 발생 자체를 막을 수는 없지만 스트레스가 커지는 것은 막을 수 있습니다. 자기 공감으로 내가 완벽하지 않아도 충분하다는 것을 깨달으면 나를 회복시키고 성장하는 삶을 만날 수 있습니다.

자기 공감 틈새시간

1. 최근에 경험한 스트레스 상황에 대해 구체적으로 적는다.
2. 불편한 감정을 품었던 내 모습, 불편했던 상황이 나 혹은 일터의 전부가 아니라 일부라고 적는다.
3. 가장 친한 친구에게 쓰는 기분으로 위로하고 격려한다.
4. 스트레스 상황에 의미를 부여한다. (가능하다면) 이 일을 통해 '성장하고 있다.'라는 메세지를 써 준다.
5. 소리 내어 읽는다.

_____야! 얼마 전에

> 불편하고,
> 힘들었던 상황이
> 우리 일의
> 전부는 아니야.

> 실수해서
> 짜증 내던 모습이
> 너의 전부는 아니야.

_____야! 그 시간들 덕분에 너는

> 일을 하다가
> 만나는 스트레스는
> 결국 성취의 결과물이야.
> 내가 완벽하게 실패했다면
> 만나지 못했을 오늘이야.

(3) 활동 안내: 자기 공감 틈새시간

실습

① 최근 경험한 스트레스 상황에 대해 아주 구체적으로 씁니다. '_____야, 얼마 전에~'처럼 내 이름을 넣어서 이야기하듯 씁니다. 나에게 쓰는 글이지만 가장 친한 친구에게 말하듯이 위로하는 마음으로 씁니다.

② 불편한 감정을 품었던 내 모습이 나의 전부가 아니며, 불편한 상황이 우리가 일할 때 마주하는 상황의 전부가 아닌 그저 일부분이라고 씁니다. 힘든 시간을 경험한 나를 격려하고 위로하는 문장을 씁니다.

③ 마지막에는 그런 상황 덕분에 내가 무엇을 배웠고, 어떻게 성장했는지 씁니다.

유의사항

- 가장 친한 친구에게 위로하듯이 나를 위로하는 마음으로 씁니다.
- 솔직하게 씁니다. 다만 '동료들에게 말하기 싫은 부분'은 빼고 발표해도 됩니다.
- 동료가 발표할 때 응원 카드를 들어서 보여 줍니다.
- 응원 카드는 출력해서 사용하거나 핸드폰에 다운로드해서 사용

합니다.

- 발표하다가 공감될 때는 '야! 나두', 격려하고 싶을 때는 '괜찮아', 응원하고 싶을 때는 '힘내!'라고 쓰인 응원 카드를 흔듭니다.

응원 카드

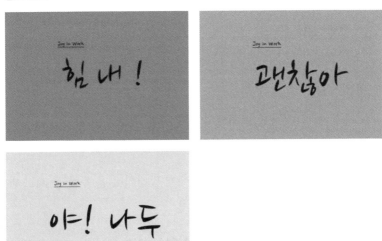

일터에서
사회적 호위대 만들기

분류	공동체 의식(Camaraderie&Teamwork)

(1) 목적 및 기획 배경

일터에서의 관계를 점검하는 활동입니다. 사회적 관계의 근접성을 확인할 수 있는 소셜 콘보이Social Convoy 실습으로 동료의 의미를 생각해 봅니다. 내가 동료와 관계 맺는 방식을 돌아보고, 이를 바탕으로 일터에서 즐거움을 공유할 수 있는 동료를 만들어 봅니다.

(2) 스토리 콘텐츠: 우정의 과학

일터에서의 어려움을 이야기할 때 종종 '일은 괜찮은데 사람 때문에 힘들다.'라는 말을 합니다. 이는 불가능한 이야기입니다. 혼자 하는 일은 어디에도 없습니다. 조직 내부에서나 조직 밖에서나 일은 사람들과 함께하는 것입니다. 사람이 힘들면 일 자체가 어려워질 수밖에 없습니다. '사람과 잘 지내는 것'은 '일을 잘하는 것'에 포함됩니다.

하지만 사람과 잘 지내는 것이 사람과 친하게 지내는 것을 의미하지는 않습니다. 사람마다 성향이 다르고 취향도 다릅니다. 모든 사람

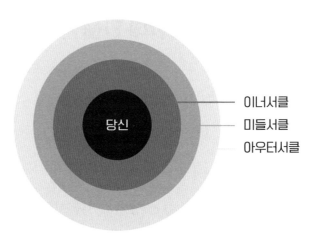

일터에서의 관계

당신

이너서클
미들서클
아우터서클

과 친하게 지낼 수는 없고 그럴 필요도 없습니다. 나의 성향과 관계의 목적을 고려해서, 적절한 거리를 유지해야 합니다.

　일터에서의 관계는 크게 이너서클Inner Circle, 미들서클Middle Circle, 아우터서클Outer Circle로 분류할 수 있습니다. 이너서클에는 그 사람이 없는 삶은 상상하기 힘들 정도로 가까운 사람, 나에게 절대적 지지를 해 주는 사람이 속합니다. 미들서클은 이너서클보다는 약한 지지를 보내지만 그래도 가까운 사람이 여기에 해당합니다. 아우터서클은 선택적으로 지지해 주는 관계이며, 친하다고 할 수는 없지만 일하기에는 편안한 사람이 여기에 속합니다. 일터에서는 이 세 가지 관계 속에서 사회적 지지와 도구적 지지, 정보적 지지를 주고받습니다.

일터에서 주고받는 지지

사회적 지지 Social Support	도구적 지지 Instrumental Support	정보적 지지 Informational Support
정서적으로 힘을 줌.	실제로 나의 일을 도와줌.	나에게 필요한 정보를 제공함.

일터에서 개인은 무조건 '사회적 지지'를 제공하는 타인에게 둘러싸인 상태로 살아갑니다. 사람 때문에 힘들다는 말은 사회적 지지를 제공하는 사람이 적다는 뜻일 수 있습니다. 이럴 때는 관계를 점검하고 사회적 지지를 보내 줄 수 있는 이너서클을 확보해야 힘을 회복할 수 있습니다.

소셜 콘보이 실습

가운데 '이름' 칸에 본인 이름을 쓰세요.
이너서클Inner Circle, 미들서클Middle Circle, 아우터서클Outer Circle에는
동료의 이름 혹은 별명·가명을 적어 주세요.

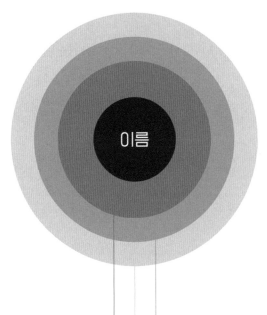

이너서클(3명 이상)
나에 대한 절대적 지지를 하는,
가장 가까운 사람

아우터서클(3명 이상)
선택적 지지, 일할 때 중요하고
편안한 관계

미들서클(3명 이상)
이너서클보다는 약한 지지,
그래도 가까운 사람

	이너서클 (실명이 아닌 가명을 써도 됩니다.)	언제? 왜?
1		
2		
3		
4		
나의 이너서클의 공통점		

이너서클을 한 명 더 만들려면?

누구에게 or 언제	
무엇을 하면 될까?	

(3) 활동 안내: 소셜 콘보이

실습

① 우리 병원에서 나에게 절대적인 지지를 보내 주는 사람들을 떠올립니다. 그 사람들의 이름을 쓰고, 언제, 왜, 어떻게 이너서클 관계를 형성했는지 적습니다. 실명을 밝히기 어렵다면 가명을 써도 좋습니다.

② 이너서클에 적은 사람들끼리 공통점이 있다면 적습니다. 성격적인 공통점이 있을 수 있습니다. MBTI가 비슷한 것처럼요. 또는 특정 부서에 있을 때, 특정 연령대에 사귄 사람일 수도 있습니다. 동기들하고만 이너서클을 형성했을 수 있고, 직전 부서 혹은 처음 발령 받은 부서에서 사귄 사람들과 이너서클을 형성했을 수도 있습니다. 사소해도 좋습니다. 공통적인 패턴을 생각해서 적어 주세요.

③ 이너서클의 패턴을 바탕으로 만약에 회사에서 이너서클 관계인 사람을 한 명 더 만들려면 어떤 노력을 하면 좋을지 적습니다.

팀으로
성장하기

분류	공동체 의식(Camaraderie&Teamwork)

(1) 목적 및 기획 배경

일터에서 알아서 성장하는 사람은 아무도 없습니다. 모든 사람은 다른 사람과 조언을 주고받으며 성장합니다. 우리가 팀으로 성장하기 위해서는 성장을 위한 조언을 잘해야 합니다.

(2) 스토리 콘텐츠: 피드포워드

피드포워드Feedforward란 바꿀 수 없는 과거에 대해 이야기하는 피드백Feedback과 반대로 바꿀 수 있는 미래에 대해 조언하는 것을 말합니다.

　누군가에게 조언을 들으면 감사하긴 하지만 왠지 기분이 나쁠 때도 있습니다. 피드백은 과거 일을 기반으로 하고 성과에 대한 평가가 담겨 있으며 개선을 요구하기 때문이죠. 자기가 한 일에 대해 조언이나 지적을 들으면 그 일을 하기 위해 들였던 노력이나 시간 자체가 부정당하는 느낌이 들 수 있거든요. 그리고 그런 피드백이 좀 더 확장되면 자신의 존재 자체가 공격당하는 느낌이 들기도 합니다.

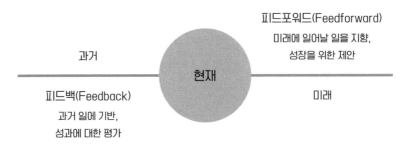

피드포워드

피드포워드(Feedforward)
미래에 일어날 일을 지향,
성장을 위한 제안

과거

현재

피드백(Feedback)
과거 일에 기반,
성과에 대한 평가

미래

반면 피드포워드는 미래에 일어날 일, 앞으로의 변화, 앞으로의 성장에 집중합니다. 교육자이자 코치인 조 허시는 그의 책《피드포워드》■에서 피드포워드를 하는 구체적인 방법을 이야기합니다.

첫 번째는 상대방의 아이디어를 확장하기 위해 제안이나 질문을 합니다. '이걸 시도해 보면 어떨까?'라고 질문하거나 다른 관점에서 생각해 보도록 유도합니다. 피드포워드는 일방적인 조언이 아닙니다. 쌍방향의 대화에 가깝고 피드백에 비해 이야기를 듣는 사람의 적극적인 참여를 유도하는 것이 특징입니다. 아이디어를 확장하는 질문이나 제안은 피드포워드를 효과적으로 이끌어 낼 수 있습니다. 두 번째는 토론입니다. 생각을 깊게 할 수 있도록 토론을 유도합니다. 우리가

■ 조 허시 저, 박준형 역,《피드포워드》, 보랏빛소, 2019

피드포워드의 특징

성장	팀원과 미래의 목표와 성장에 대해 이야기를 나눔
참여	일방향의 조언이 아닌 양방향의 대화
습관	성장을 위해 실천하고, 습관으로 정착

새로운 아이디어를 모을 때 흔히 쓰는 브레인스토밍은 상대방의 의견을 평가하지 않습니다. 반면 피드포워드는 상대방의 의견을 평가하기도 합니다. 왜냐하면 누군가가 내 의견을 평가하면 나는 반박할 논리를 찾게 되면서 내 의견에 대해 훨씬 더 깊게 고민할 수 있습니다. 세 번째는 집중입니다. 중요한 것에 집중할 수 있도록 너무 많은 이야기를 하지 않습니다. 전설적인 농구 선수였던 코비 브라이언트는 상대방에게 조언할 때 항상 상대방의 상황을 고려해 너무 많은 이야기를 하지 않았다고 합니다. 항상 선택적으로 접근했습니다. 이제 막 슈팅 가드를 시작하는 선수에게는 효율적으로 슛하는 방법이나 아니면 슛을 던지는 위치를 선정하는 방법을 알려 주고, 새로 시작하는 센터 포워드에게는 골대 앞에서 속도를 늦춰 상대방의 방어를 뚫는 방법을 알려 주었습니다. 아주 구체적이고, 실행 가능한 것만 알려 줬습니

다. 네 번째는 실행입니다. 실행하기 편하도록 조언합니다. 앞서 코비 브라이언트처럼 실행하기 쉬운 내용을 전달할 수도 있지만 실행에 필요한 기간을 설정할 수도 있습니다. 일단 이번 주말부터 시작해 보자고 하거나 일주일 안에 시작해 보자고 하는 등 구체적으로 기간을 정하면 상대방의 실행력을 높일 수 있습니다. 지속적인 실행으로 이어질 수 있게 계속해서 도와야 합니다. 다섯 번째는 진정성입니다. 진실을 기반으로 이야기합니다. 듣기 좋은 이야기만 하는 게 아니라 때로는 진실에 기반해서 부정적인 이야기도 해야 합니다. 특히 고연차 직원에게는 부정적인 이야기가 성장에 굉장히 긍정적인 자극이 될 수도 있습니다. 《피드포워드》를 읽으면 약간 당황스러운 점이 있습니다. 피드포워드라는 어떤 대화의 기술이 구체적으로 나오기를 기대했는데 끝까지 이런 내용이 안 나옵니다. 그런데 이런 당황스러움은 책장을 덮으면 해소됩니다. 피드포워드는 본질적으로 화려한 커뮤니케이션 기술을 필요로 하지 않습니다. 일상 대화 수준으로 충분히 피드포워드를 할 수 있습니다. 다만 커뮤니케이션의 방향이 달라질 뿐입니다. 과거에 대한 평가가 아닌 미래를 위한 성장, 적극적인 참여를 통한 양방향의 대화, 그리고 실천과 습관으로의 정착입니다. 팀으로 성장하고 싶다면 대화의 방향을 과거가 아닌 미래로 바꿔 보세요. 관계의 불편함 없이 함께 성장할 수 있습니다.

피드포워드 실습 1

1. 목표 정하기: 5년 후의 나는?

    (동기 / 후배 / 선배 / 환자 / 보호자)가 신뢰하는 간호사

    혹은 5년 후의 내 모습을 스스로 정의해 주세요.

_____한 간호사

2. 역량 정의: 5년 후의 내 모습이 되기 위해 필요한 것은?

필요한 것	피드포워드 내용

피드포워드 실습 2: 계획

필요한 것			
내가 실천하려는 피드포워드			

만다라트 계획표

Manda+la는 목적을 달성한다는 의미
Manda+la+art는 목적을 달성하는 기술이라는 의미

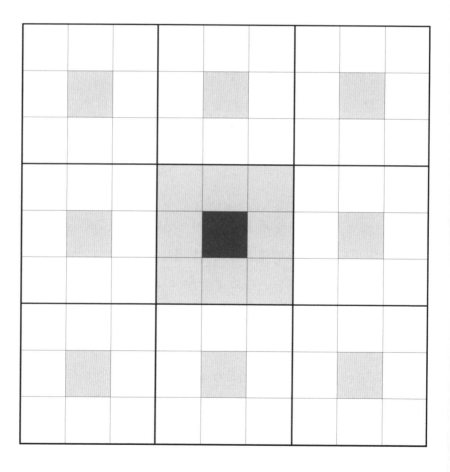

(3) 활동 안내: 피드포워드, 만다라트 계획표

실습

① 5년 후의 내 모습을 정의합니다. 내가 원하는 미래상을 적습니다.

　　예 우리 병동에서 가장 혁신적인 간호사, 가장 함께 일하고 싶은 간호사, 신뢰받는 간호사 등

② 만약 5년 후의 내 모습을 쓰기 어렵다면 '신뢰받는 간호사' 혹은 '신뢰받는 직원' 등으로 적습니다.

③ 내가 정의한 모습이 되기 위해 필요한 것을 세 가지 적습니다. 측정하기 어려운 요소를 적어도 좋습니다.

　　예 탁월한 술기 지식, 후배와의 소통 능력, 꼼꼼함, 다양한 업무 지식 등

④ 4~6인 1조로 조원들과 돌아가면서 성장할 수 있는 조언을 합니다. 일방적으로 조언해도 좋고, 대화하듯이 질문하고 답하는 방식도 좋습니다. 듣는 사람은 피드포워드 내용을 정리합니다.

⑤ 들은 내용 중에서 실제로 실천하고자 하는 내용만 피드포워드 '실습 2'에 정리합니다.

⑥ 향후에 성장을 위해 진지하게 실천하고 싶다면 '만다라트 계획표'를 활용해도 좋습니다. 만다라트 계획표는 일본의 야구선수 오타니 쇼헤이가 활용해서 유명해진 계획입니다. 목표를 이

루기 위해 해야 할 일을 구체적으로 점검하고 실행하기에 좋습
니다.

오타니 쇼헤이의 만다라트 계획표

몸 관리	영양제 먹기	FSQ 90kg	인스텝 개선	몸통 강화	축 흔들지 않기	각도를 만든다	공을 위에서 던진다	손목 강화
유연성	몸 만들기	RSQ 130kg	릴리즈 포인트 안정	제구	불안정 없애기	힘 모으기	구위	하반신 주도
스태미나	약 먹기	식사 저녁 7그릇 아침 3그릇	하체 강화	몸을 열지 않기	멘탈 컨트롤	볼을 앞에서 릴리즈	회전 수 증가	가동력
뚜렷한 목표, 목적	일희일비 하지 않기	머리는 차갑게 심장은 뜨겁게	몸 만들기	제구	구위	축을 돌리기	하체 강화	체중 증가
핀치에 강하게	멘탈	분위기에 휩쓸리지 않기	멘탈	8구단 드래프트 1순위	스피드 160km/h	몸통 강화	스피드 160km/h	어깨 주위 강화
마음의 파도 안 만들기	승리에 대한 집념	동료를 배려하는 마음	인간성	운	변화구	가동력	라이너 캐치볼	피칭 늘리기
감성	사랑받는 사람	계획성	인사 하기	쓰레기 줍기	부실 청소	카운트볼 늘리기	포크볼 완성	슬라이더 구위
배려	인간성	감사	물건을 소중히 쓰자	운	심판을 대하는 태도	늦게 낙차가 있는 커브볼	변화구	좌타자 결정구
예의	신뢰받는 사람	지속력	긍정적 사고	응원 받는 사람	책 읽기	직구와 같은 자세로 던지기	스트라이크 에서 볼을 던지는 제구	거리를 상상하기

일의 감각은
어디서 올까?

분류 | 일상의 개선(Daily Improvement)

(1) 목적 및 기획 배경

일을 잘하는 사람이 되려면 무엇을 해야 할까요? 일 잘하는 센스는 '지식'에서 출발합니다. 일을 잘한다고 생각했던 동료를 보며 성장에 대한 힌트를 얻습니다. 동료처럼 일을 잘하는 사람이 되려면 어떤 지식을 쌓아야 하는지 구체적으로 계획하는 활동입니다.

(2) 스토리 콘텐츠: 센스의 재발견

우리는 일을 잘하는 사람을 표현할 때, 일머리가 있다거나 일하는 센스, 감각이 있다는 표현을 종종 씁니다. 그런데 일하는 감각이 있다는 것은 도대체 무슨 뜻일까요?

일본의 디자이너 미즈노 마나부는 '센스'란 수치화할 수 없는 사실과 현상의 좋고 나쁨을 판단하고 최적화하는 능력이라고 합니다. 이 감각을 키우려면 어떻게 해야 할까요? 왠지 센스라고 하면 특별한 사람에게만 있는 것 같고, 하늘이 내린 천부적인 재능 같아서 센스 없는

스킬과 센스

스킬	센스
측정 가능	측정 불가능
설명 가능	설명 불가능

사람이 센스가 생기려면 다시 태어나야 할 것처럼 느껴집니다. 하지만 미즈노 마나부는 센스는 선천적으로 타고나는 것이 아니라 노력으로 얻을 수 있는 것이라고 합니다.

수치화할 수 없는 현상의 좋고 나쁨을 판단할 수 있는 비범한 센스는 '평범함'을 아는 데서 출발합니다. 평범함을 알아야 좋은지 나쁜지 알 수 있죠. 영화배우 우현은 집이 너무 부자라서 대학교에 가기 전까지 소고기만 먹었다고 합니다. 그는 항상 질 좋은 소고기만 먹었기 때문에 마블링이 아주 좋은 소고기를 먹어도, 좋은지 나쁜지 판단하지 못했을 것입니다. 나쁨을 알아야 좋음을 알 수 있고, 평범함을 알아야 탁월함도 알 수 있죠. 그럼 평범함을 알기 위해서는 무엇이 필요할까요?

미즈노 마나부는 평범함은 지식의 축적에서 시작된다고 단언합니다. 예컨대 미술 분야에 대한 감각이 없으면 우선 지식을 쌓아야 합니다. 좋고 나쁨을 판단할 수 있는 감각은 없을지라도, 빨간색과 어울리는 색이 무엇인지, 어울리지 않는 색은 무엇인지 또는 르네상스 시대와 바로크 시대의 그림의 차이는 무엇인지는 지식을 통해 습득할 수 있습니다. 지식의 장점은 크게 세 가지입니다. 첫 번째, 불안감이 없어지고 자신감이 생깁니다. 지식이 없을 때는 해당 주제를 가지고 대화할 때 불안하기도 하고 위축되기도 합니다. 지식이 있으면 경험이 없는 사람도 대화에 참여할 수 있고, 오고 가는 대화를 이해할 수도 있습니다. 두 번째는 일에 대한 이해도가 높아집니다. 축적된 지식은 주변에서 무의미하게 일어나던 일에 새로운 의미를 부여해 줍니다. 과거 무심코 했던 일에 대해 좋고 나쁨을 판단하게 하고, 어떤 사람은 왜 일을 잘하는지, 어떻게 성과를 내는지 조금씩 이해하게 해 줍니다. 세 번째는 일에 대한 예측입니다. 지식을 쌓으면 예측을 할 수 있게 됩니다. 예측을 하게 되면 추후에 자연스럽게 예측이 맞았는지 틀렸는지 확인합니다. 지식을 토대로 한 예측이 현실에서 검증되고, 검증된 결과가 쌓이면 수치화할 수 없는 현상과 사실을 판단하는 감각이 자라납니다. 지식은 일하는 감각을 살리는 도구입니다. 5개의 단어를 아는 사람보다 100개의 단어를 아는 사람이 더 좋은 문장을 쓸 수 있는 것처럼, 더 다양한 지식을 쌓은 사람이 좀 더 좋은 감각을 지닐 수 있습니다. 나에게 필요한 감각이 있다면 일단 지식을 쌓아 봅시다.

일을 잘한다고 생각했던 동료는 누구인지 소개해 주세요.
(연차, 성격, 만난 곳 등)

일을 잘한다고 생각했던 순간을 적어 주세요.

그 동료의 특징을 3개만 고르고, 이유를 말해 주세요.						
창의적인	혁신적인	독특한	상상력이 풍부한	개방적인	재치 있는	독창적인
유연한	진보적인	변화를 추구하는	낙천적인	예측력이 뛰어난		즉흥적인
배려하는	상냥한	친근한	경청하는	양보하는	조화로운	헌신적인
감성적인	도와주는	협력하는	공감하는	사교적인		함께하는
결단력 있는	도전적인	리드하는	주도적인	강인한	유능한	용감한
추진력 있는	야망 있는	카리스마 있는	목표 지향적인	성취하는		활동적인
공정한	분석적인	원칙적인	정확한	규칙적인		체계적인
신중한	안정적인	계획적인	꼼꼼한	구체적인		빈틈없는

(3) 활동 안내: 일 잘하는 사람의 비밀

실습

① 평소에 일을 잘한다고 생각했던 동료에 대해 이야기합니다. 그의 연차, 그와 만난 곳 등의 정보를 이야기합니다. 만약 실명을 언급하기 힘들다면, 가명을 사용해도 좋습니다.

② 모호하게 일을 잘한다, 일머리가 있다는 식으로 표현하지 않고, 구체적으로 그가 일을 잘한다고 느꼈던 순간에 대해 씁니다. 그가 왜 일을 잘한다고 생각하는지에 대해 쓰는 것보다 '일을 잘한다고 느낀 순간'에 대해 쓸 때 내가 느끼고 생각하는 것을 정확하게 말하기 쉽습니다.

③ 방금 말했던 이야기를 바탕으로 그 사람의 특징을 세 가지 고릅니다.

④ 4인 1조로 각자가 정리한 내용을 공유합니다. 모두의 이야기를 들은 후에 '가장 닮고 싶은 사람'을 한 명 선정합니다.

⑤ 그 사람처럼 성장하기 위해 쌓아야 할 '지식'은 무엇이 있는지 조별로 토론해서, 책이나 잡지, 교육 등의 리스트를 적습니다.

⑥ 조별 활동을 마친 후에는 발표자를 정해 '가장 닮고 싶은 사람'을 소개하고 쌓아야 할 지식 리스트를 전체 공유합니다.

함께 성장하는 공동체는
어떻게 만들어질까?

| 분류 | 일상의 개선(Daily Improvement) |

(1) 목적 및 기획 배경

조직에서 함께 성장하기 위한 조언과 조언자의 조건에 대해 알아보는 활동입니다. 성장을 위한 조언은 꼭 필요하지만 내게 맞는 조언인지 판단하기는 어렵습니다. 또 잘못된 조언은 상처를 주기도 합니다. 수용해야 하는 조언을 구별하고, 믿고 따를 수 있는 조언자와 관계를 구축하는 것이 함께 성장하는 공동체의 출발점이 됩니다. 자신을 성장시킨 조언을 동료들과 공유하고, 동료의 경험으로부터 배움으로써 동료 간의 소통을 촉진할 수 있습니다.

(2) 스토리 콘텐츠: 히든 포텐셜

피드백과 조언 중 하나를 선택한다면 어느 쪽이 유용할까요? MBA 와튼스쿨 교수 애덤 그랜트는 피드백을 구하기보다 조언을 구하는 게 더 바람직하다고 주장합니다. "오늘 제 보고서는 괜찮았나요?"처럼 피드백을 구하는 질문 대신 "제 보고서에서 개선할 점은 무엇인가요?"처럼 조언을 구하는 질문으로 바꿔 보면, 단순히 '좋았다, 나빴다' 같은 평가 대신 유용한 조언을 해 줄 것입니다.

그러나 조언의 문제점은 조언하는 사람이 바뀌면 조언의 방향과 내용도 바뀐다는 점입니다. 서로 상충되는 조언은 우리를 갈팡질팡하게 하고, 선택을 더 어렵게 만들기도 합니다. 가장 안 좋은 경우는 조언을 핑계 삼아 독설을 하는 것입니다. 분명 미래에 대한 개선 방향을 물었는데, 나를 지적하며 자존감을 깎아 내리기도 합니다. 조언을 해 줄 사람은 찾기 쉽지만, 도움이 되는 조언을 해 줄 사람은 찾기 어렵습니다.

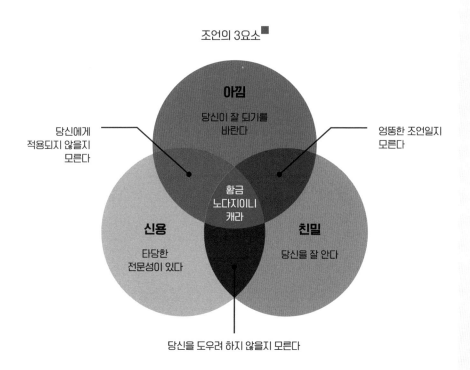

조언의 3요소

애덤 그랜트는 믿을 수 있는 조언자를 구하려면 아낌, 친밀, 신용이라는 세 가지 조건을 따져 볼 것을 권유합니다. 세 조건을 모두 만족하는 조언자의 조언만이 우리에게 진정한 도움이 될 수 있습니다.

- 아낌: 나의 성공을 진심으로 바라는 사람
- 친밀: 나를 잘 이해하는 사람
- 신용: 조언을 구하는 분야에 대한 전문성을 갖춘 사람

친밀하지만 전문성이 없으면 엉뚱한 조언을 할 수 있습니다. 위로는 받을 수 있지만 성장을 위한 조언은 얻기 힘들 수 있습니다. 친밀하고 전문성은 있지만 내가 잘 되는 것을 꺼리는 사람이 있을 수도 있습니다. 잠재적인 경쟁자가 특히 그렇습니다. 이런 사람은 자신의 이익을 위해 조언을 왜곡할 수 있습니다. 당신을 아끼고 전문성은 있지만 최근에는 교류가 없어 나를 잘 모르는 사람은 자신의 이익을 위한 조언을 하지는 않겠지만, 나의 현실에 맞는 조언을 하지 못할 수 있습니다. 아니면 너무 일반적인 조언을 할 수도 있습니다. 나와 친밀하고, 전문성이 있으며, 평소에 교류가 많았던 사람이야말로 내게 필요한 정보와 건설적인 조언을 제공할 수 있는 사람입니다.

■ 애덤 그랜트 저, 홍지수 역, 《히든 포텐셜》, 한국경제신문, 2024

피드백 다이어리

과거에 피드백을 받고, 성장하거나 성취한 경험을 이야기해 주세요.
언제
어떤 사건·상황
피드백을 해 준 사람
피드백 내용
피드백의 적용 및 변화·결과

댓글 읽기 챌린지

닉네임:

댓글: 왜냐하면

닉네임:

댓글: 왜냐하면

닉네임:

댓글: 왜냐하면

(3) 활동 안내: 피드백 다이어리, 댓글 읽기 챌린지

실습: 피드백 다이어리

① 조별로 진행합니다. 성장하고 성취한 경험을 공유하는 것이 목적이므로 가급적이면 많은 수의 부서원이 한 조를 구성하는 것이 좋습니다. 다른 활동과 달리 10명 전후로 조를 구성해도 좋습니다.

② 10분 동안 과거에 나를 성장시켰던 피드백을 적습니다. 피드백을 통해 얻은 성취뿐만 아니라 피드백을 구하는 과정에서 느낀 망설임이나 피드백을 듣는 과정에서 느낀 불편함도 적습니다.

③ 발표를 할 때 고연차 직원부터 합니다. 능숙해 보이는 고연차 직원도 한때는 나와 비슷한 성장의 시간을 겪었음을 느낄 수 있습니다. 또, 고연차의 발표를 들으면 후배들은 '내가 쓴 피드백 내용이 너무 가볍지 않을까?' 또는 '너무 기초적인 피드백 내용을 쓴 것 아닐까?'라는 부담에서 벗어날 수 있습니다.

실습: 댓글 읽기 챌린지

《히든 포텐셜》에 나오는 애덤 그랜트와 멀린다 게이츠(빌 게이츠의 전 부인)의 악플 읽기 실험을 바탕으로 구성된 실습입니다. 게이츠 재단을 운영하는 멀린다 게이츠는 자신에 대한 악플을 직접 읽는 영상을 촬영했습니다. 이 영상은 게이츠 재단 직원의 심리적 안정감 형성

에 긍정적인 영향을 미쳤습니다. 관리자가 자신의 부족한 모습을 조직 내에 공유하면 자신의 단점을 인식하고 극복하기 위해 노력한다는 학습 지향적인 모습을 보여 줄 수 있습니다. 자연스럽게 조직 내의 심리적 안정감을 줄 수 있습니다.

'댓글 읽기 챌린지' 활동은 리더가 아닌 모든 참석자가 함께 참여하는 방식으로 수정하였습니다.

① 댓글 읽기 챌린지와 관련된 영상을 시청합니다. 유튜브에 개그맨 유병재가 악플을 읽는 영상이 있습니다. 재미는 있으나 비속어가 많이 나옵니다. 비속어가 부담스럽다면 마블 영화에 출연한 배우의 댓글 읽기 영상을 시청해도 좋습니다.

② 타인이 나에 대한 악플을 달면 상처 받기 쉽습니다. 《히든 포텐셜》에서는 실제 악플을 활용했지만, 조이 인 워크 활동에서는 자신에 대한 악플을 상상해서 적는 방식으로 진행합니다. 자신의 단점에 대해 비유적인 표현을 달아도 좋습니다.

③ 댓글을 적는 칸에는 자신을 변호하는 듯한 글을 적습니다.

④ 악플을 다 적었다면 6인 1조로 나누어 악플을 읽습니다. 내가 쓴 악플을 내가 읽는 것이 아니라 옆에 앉은 동료에게 전달해서 읽도록 합니다.

참고 댓글 읽기 챌린지 활동을 진행할 때, 단점에 대한 악플을 기반으로 활동을 진행합니다. 기본적으로 긍정적이지 못한 부분에 주목해서 활동이 진행되므로, 너무 부정적인 이야기가 오고 가는 것이 부담스럽게 느껴질 수 있습니다. 부서 상황을 고려해서 댓글 읽기 챌린지는 하지 않고, 피드백 다이어리 활동만 진행해도 좋습니다.

후배가 늘어난다. 무엇을 하고 무엇을 하지 말아야 할까?

분류	일상의 개선(Daily Improvement)

(1) 목적 및 기획 배경

조직 문화 리더는 보통 5년 차 이상인 직원 중에서 선발합니다. 그동안 후배로만 있다가 이제 막 선배가 되기 시작하는 시기입니다. 규모는 작지만 후배를 이끄는 리더십이 필요한 시점입니다. 나를 따르는 후배를 어떻게 이끄는 것이 효과적인지 생각하는 활동입니다.

(2) 스토리 콘텐츠: 팀장의 탄생

어느 분야든 5년 차 이하일 때 느끼는 어려움은 대부분 직무에 익숙하지 않거나 아직 경험이 없어서 생깁니다. 그러나 5년을 넘기고 10년 가까이 일하면 경험이나 역량이 부족해서 생기는 어려움은 거의 사라집니다. 10년 차가 넘어가면 문제가 단순하지만은 않아집니다. 팀 차원, 회사 차원의 문제 또는 좀 더 거시적인 환경이나 트렌드의 변화로 인한 문제도 발생합니다. 이런 어려움을 혼자 감당하거나 해결하려 하는 것은 불가능합니다.

관리자의 문제 해결

관리자라는 지위는 누구를 고용하고 말고와는 전혀 상관없다.
모든 일을 '혼자서' 처리하지 않기로 한 시점부터
당신은 <u>관리자</u>가 된 것이다.

'여러 사람이 협력하는 집단에서 더 좋은 성과를 도출하는 것'

그럴 때일수록 동료에게 도움을 청해야 합니다. 도움을 청한다는 것은 내가 아닌 '우리'로서 대응하는 것이며 사전에 구축해 놓은 관계를 통해 힘을 합쳐 한 방향으로 나아가는 것입니다. 이때 힘을 합쳐야 하는 중요한 사람들이 바로 후배들입니다. 후배들이 조직의 목표를 이해하지 못하고 엇박자를 타면 리더와 선배는 어려움을 극복하고 성과와 성장을 위해 나아가기보다는 후배가 저지른 사고를 수습하기 바쁩니다. 조직이 한 방향으로 나아갈 때 발생하는 실수는 성장에 보탬이 되고 디딤돌이 되지만, 조직의 방향을 이해하지 못했을 때 발생하는 실수는 그저 낭비가 되고 걸림돌이 될 뿐입니다.

작은 팀을 어떻게 이끌까?

후배들과 함께 성과를 내기 위해 할 수 있는 일은 무엇일까요? 줄리 주오의 《팀장의 탄생》▪ 3장 〈작은 팀을 어떻게 이끌까〉에는 이제 막 후배를 이끄는 이들을 위한 효과적인 제안이 담겨 있습니다. 공식적으로 임명된 팀장이 아니더라도 이제 막 후배가 생긴 사람에게 도움이 됩니다. 줄리 주오는 작은 팀을 이끌 때는 성과를 불러오는 피드백을 주고 이를 뒷받침하는 신뢰를 형성하는 것이 가장 중요하다고 말합니다. 성과를 내고 성장하려면 피드백이 반드시 필요합니다.

그런데 피드백이 효과가 있으려면 일단 신뢰가 있어야 합니다. 피드백에 개인적인 감정이 섞이지 않아야 하며, 팀과 팀원의 성장을 위한 것이라는 신뢰가 전제되어야 합니다. 신뢰는 그냥 쌓이지 않습니다. 팀원을 이해하고, 팀원을 돕기 위한 시간을 따로 내야 합니다. 팀원에 대한 이해가 중요한 까닭은 기본적으로 회사 생활과 사생활을 분리하기 어렵기 때문입니다. 팀원이 무엇을 좋아하고 어떤 강점이 있고 어떤 성향인지 파악해야 팀원의 행동과 생각을 이해할 수 있습니다. 팀원의 성향을 알면 대화의 방식을 조절할 수 있습니다.

그저 함께 일하는 정도로는 팀원을 온전히 이해하기 어렵습니다. 그래서 줄리 주오는 별도로 시간을 낼 것을 강조합니다. 매일 함께

▪ 줄리 주오 저, 김고명 역, 《팀장의 탄생》, 더퀘스트, 2020

작은 팀을 이끄는 리더의 소통

성과에 대한 솔직한 피드백

↑

신뢰

↑

팀원에 대한 이해   ✚   팀원을 돕기 위한 시간

일하는 관계라도 따로 시간을 내어 면담하면 할 수 있는 이야기가 많습니다. 예를 들면 어떨 때 일에 대한 의욕을 느끼는지, 장기적인 커리어 목표는 무엇인지, 회사 생활에 대한 개인적인 느낌은 어떤지 등을 물어보면 좋습니다. 이런 내용은 팀원이 하는 행동을 이해하는 데 도움되지만, 함께 일만 해서는 알기 힘든 이야기입니다. 따라서 시간을 내어 팀원과 대화하는 시간이 꼭 필요합니다. 이때 중요한 점은 대화의 출발점은 내가 아니라 팀원에게 있다는 점입니다. 팀원에게 초점을 맞춰, 팀원의 이야기에서 대화를 시작해야 하고, 팀원의 이야기를 바탕으로 팀원이 성장할 수 있는 피드백을 줘야 합니다. 즉, 팀원을 이해하고, 팀원을 위한 시간을 가져야 합니다. 이제는 팀원의 성장을 위해 직접적인 피드백을 해야 할 텐데, 이때 무엇을 신경 써야 할까요?

첫째, 업무적인 피드백은 최대한 많이 줘야 합니다. '누구'가 아니라 '무엇'에 집중된 피드백은 듣는 사람에게 부담을 적게 줍니다. 업무 피드백은 당사자가 자신이 한 행동을 기억하고 있을 때 하는 것이 효과적입니다.

둘째, 피드백이 잘 전달되고 있는지 확인해야 합니다. 팀원에게 '내가 한 이야기를 정확하게 이해했는지, 앞으로는 어떤 방식으로 일할 것인지' 질문합니다. 피드백을 통해 무엇을 알게 되었고, 어떻게 반영할 것인지 확인해야 합니다.

셋째, 최대한 구체적으로 말해야 합니다. 상대방이 상처받을까 봐 두려워 모호하게 표현하면 안 되며, 구체적인 행위를 중심으로 무엇을 어떻게 개선해야 하는지, 이렇게 개선하면 어떤 장점이 있는지 정확하게 이야기합니다.

넷째, 다음 단계를 알려 줘야 합니다. 피드백을 즉시 행동에 옮기게 하려면 다음 단계에 무엇을 해야 할지 직접적으로 알려 줘야 합니다. 이때 피드백 사항이 단순히 권장 사항인지 필수 사항인지 명확하게 구별합니다.

사람을 못 믿으면 사람답게 살 수 없다

'사람이 사람을 못 믿으면 사람답게 살 수 없다.' 작가 안톤 체호프의 말인데요. 안톤 체호프는 인간이라면 기본적으로 가져야 할 신뢰에 관해 이야기한 것이지만 저는 조금 다르게 받아들였습니다.

일을 하면서 사람들, 특히 후배를 믿지 못하면 후배는 성장할 수 없고 내가 해야 하는 일만 점점 늘어납니다. 스트레스도 늘고, 일하는 시간도 늘 수밖에 없죠. 워라밸이 깨지고, 안톤 체호프가 말한 것처럼 사람답게 살 수 없을지도 모릅니다. 신뢰를 기반으로 후배들이 성장하도록 돕는 것은 조직이나 후배를 위한 일일 뿐만 아니라 나를 위한 일이기도 합니다.

4L 회고

Liked (좋았던 것)	Learned (배운 것)
Lacked (부족했던 것)	Long for (바라는 것)

(3) 활동 안내: 4L 회고

작은 팀을 이끄는 리더가 되려면 팀원과 대화 나누는 시간이 필요합니다. 단순히 친밀함을 위한 대화가 아니라 팀원을 이해하기 위한 대화를 해야 합니다. 팀원을 이해하고, 서로 신뢰할 수 있어야 성장을 위한 '피드백' 또한 효과를 거둘 수 있기 때문입니다. 함께 일하는 시간이 많아도 업무적인 대화만 나누면 상대방이 어떤 생각을 품고 있는지, 일하면서는 어떤 감정을 갖고 있는지 알기 어렵습니다. 4L 회고를 통해 업무가 아닌 '사람'을 주제로 한 대화를 쉽게 나눌 수 있습니다.

실습

① 충분한 대화 시간을 확보하기 위해 4인 1조로, 20분 동안 진행합니다.

② 최근 2주 동안 일하면서 좋았던 것, 배운 것, 부족했던 것, 바라는 것에 대해 이야기합니다.

③ 조이 인 워크 활동에서 의도하는 방향이 있다면 리더가 예시를 보여 주는 것도 좋습니다. 예를 들면 '일터에서의 성장'으로 대화를 이끌고 싶다면, 네 가지 중에서 내가 '스스로 부족하다고 느꼈던 점'과 '일을 하면서 배웠던 점'에 집중하여 이야기를 합니다.

④ 이야기하는 동안 모두가 리액션을 하도록 분위기를 유도합니다.

⑤ 단순한 발표가 아니라 '대화'가 되려면 한 명이 4L 회고를 마친 다음 나머지 사람은 꼭 질문을 해야 합니다. 질문을 주고받는 과정에서 단순한 말하기가 몰입감 있는 '대화'로 확장됩니다.

참고 4L 회고를 주기적으로 진행하고 싶은 부서가 있으면 다음 사항을 함께 안내합니다.

- 4L 회고를 주기적으로 진행한다면 20~30분 동안 두 명이서 대화하는 것이 좋습니다.
- 매일 보는 사이라도 둘이서 대화할 때에만 나올 수 있는 대화가 있습니다.
- 대화를 할 때는 내가 말하는 데 초점을 맞추지 않고, 팀원이 편하게 말하도록 하는 데 초점을 맞춥니다.
- 되도록이면 일에 대한 의욕, 커리어 목표, 회사 생활에 대한 아쉬움이나 어려움 등 평소에 이야기하기 힘든 주제를 편안하게 말할 수 있는 분위기를 만듭니다.

일에서 중요하게 생각하는 것은 무엇일까?

분류	의미와 목적(Meaning&Purpose)

(1) 목적 및 기획 배경

내가 일에서 중요하게 생각하는 가치가 무엇인지 점검하는 활동입니다. 삶의 다양한 가치를 기준으로 일과 일터에서 다양한 의미를 찾아보는 활동입니다. 조이 인 워크 활동을 새롭게 시작할 때, 구성원 각자가 중요하게 여기는 가치를 가볍게 살펴볼 수 있습니다.

(2) 스토리 콘텐츠: 마음 놓침에서 벗어나는 방법

일은 왜 힘들까요? 기본적으로 일이 처음 생길 때 개인의 취향이나 적성과는 상관없이 생겼습니다. 가장 오래된 일 중 하나인 농사나 사냥을 생각해 봅시다. 이런 일은 기본적으로 '먹고살기 위해' 시작된 일입니다. 산업혁명을 지나면서 수많은 직업이 생겼으나 이 직업들도 사회나 회사의 필요에 의해 직무가 정의된 일이지 개인의 기호가 반영된 일은 아닙니다. 일을 힘들거나 힘들지 않다고 판단하는 것은 일의 원래 목적을 생각하면 부자연스러운 일일지도 모릅니다.

일이 힘들기는 하지만 항상 부정적인 요소로만 가득 차 있지는 않습니다. 일에서도 긍정적인 요소를 많이 찾아볼 수 있습니다. 하지만 우리는 일을 생각할 때 긍정성을 먼저 떠올리지 않습니다. 이유는 크게 두 가지입니다. 첫째, 인간은 기본적으로 부정성 편향을 띠기 때문입니다. 긍정적인 것과 부정적인 것이 모두 있을 때 부정적인 것에 먼저 시선이 갑니다. 둘째, 가용성 편향 때문입니다. 가용성 편향은 자주 접하는 정보를 먼저 떠올리는 경향이 있음을 뜻합니다. 유튜브를 켜면 일이라는 주제와 관련해 가장 많이 나오는 키워드가 '퇴사'일 것입니다. 블로그에는 직장에서 겪은 부조리함과 힘듦에 관한 글이 가득합니다. 부정성에 주목하는 경향이 있는 데다가 자주 보는 콘텐츠까지 부정적이라면, 일의 긍정적인 요소보다 부정적인 요소를 먼저 떠올리는 것은 당연합니다.

일의 부정성에만 주목하는 것도 일종의 '마음 놓침Mindlessness'입니다. 마음 놓침이란 현재의 내가 누릴 수 있는 수많은 긍정적인 가능성을 보지 못하고, 과거나 미래에 대한 걱정과 부정성에만 매몰된 상태입니다. 일에서의 마음챙김은 부정성에 매몰되지 않고, 일에 대해 섣불리 판단하지 않으며, 일터에서의 수많은 가능성에 집중하는 상태가 되는 것입니다. 이런 마음챙김은 저절로 찾아오지 않습니다. 의식적인 노력을 통해 가능합니다.

부동심과 마음챙김

인생에서 감정을 떨쳐 내는 것이 아니라 절망, 분노, 슬픔, 시기 등과 같이 경험하는 부정적 감정의 수를 최소화하는 것이다.

— 윌리엄 B 어빈, 《좌절의 기술》 중

마음챙김은 스토아 철학자가 말하는 부동심과 맞닿아 있습니다. 부동심을 그리스어로 아파테이아Apatheia라고 하며 외부 사건이나 감정에 흔들리지 않고 항상 평정심을 유지하는 상태를 의미합니다. 부동심은 단순히 감정을 없애는 것이 아니라 통제할 수 없는 외부 사건을 받아들이고 부정적인 감정의 수를 최소화하는 것입니다.

부정적 감정의 수를 최소화하려면 부정적 감정을 애써 억제하는 것이 아니라 일의 긍정성에 주목해야 합니다. 조이 인 워크 프레임워크는 일의 긍정성을 주목하는 데 효과적인 도구입니다. 모호하게 일의 긍정성을 보는 데 그치지 않고, 묻혀 있던 긍정성에 주목하는 역할을 합니다.

내가 일할 때 중요하게 생각하는 것은 무엇일까?

아래 질문에 답을 가볍게 적어 주세요.
쓸 말이 없다면 짧게 쓰거나 적지 않아도 좋습니다.
쓰고 싶은 말이 많으면 뒷면에 길게 적어도 좋습니다.

1. 우리 병원은 의료 업계에서 얼마나 인정받고 있을까요?

2. 우리 병원의 목표는 무엇일까요?

3. 내가 하고 있는 일은 어떤 사람에게 큰 영향을 미치나요?

4. 내가 하고 있는 일의 긍정적인 영향력을 더 키우기 위해서는 어떤 일을 해야 할까요? 구체적인 행위, 일을 대하는 태도, 장기적인 성장 과정 등 떠오르는 대로 적어 주세요.

5. 내가 물 만난 고기처럼 신나게 일했던 때를 떠올려 봅시다. 그 순간에 나는 왜 그렇게 신나게 일할 수 있었을까요?

6. 그런 경험이 지속되기 위해서는 무엇이 필요할까요? 내가 갖춰야 할 것, 회사나 동료들이 갖춰야 할 역량, 마음가짐, 환경 등에 대해 써 주세요.

7. 내가 지금 하고 있는 일을 떠올려 보세요. 가장 힘든 점과 일을 하면서 가장 중요하게 생각하는 점은 무엇인가요?

8. 지금 하는 일에서 내가 배운 것들은 무엇인가요?

9. 회사 명함에서 회사명을 빼고 내 이름만 남았을 때 나를 무슨 일을 하는 사람이라고 설명하고 싶나요?

10. 새롭게 시도하고 싶지만 하지 못한 일과 그 이유는 무엇인가요?

(3) 활동 안내: 일할 때 중요하게 생각하는 가치

실습 1

실습 1은 내가 일터에서 중요하게 생각하는 가치를 묻는 활동입니다. 자세하게 글을 쓰지 않아도 괜찮습니다. 실습 2를 진행하기 위한 워밍업에 가깝습니다. 답변을 하는 과정에서 중요하지만 잊고 있던 가치를 상기하는 것이 목적입니다.

① 1인당 한 장의 실습지를 나눠 가집니다.

② 10분 정도의 시간 동안 질문 10개에 대한 답을 씁니다.

③ 조별 혹은 부서별로 공유하지 않습니다. 타인을 의식하지 않고, 솔직하게 답을 쓰게 하기 위함입니다.

④ 답이 잘 떠오르지 않는 질문도 있습니다. 답변이 쉽게 쓰이지 않는 질문은 그 나름대로 의미가 있습니다. 해당 질문에 대해 평소 고민하지 않았다는 뜻입니다. 그 질문은 자신에게 중요한 가치를 지니지 않았다는 반증이기도 합니다. 잘 써지지 않는 질문에는 스트레스 받지 말고 넘어갑니다.

실습 2

① 반드시 실습 1을 진행한 후에 진행합니다. 실습 1을 진행하지 않고, 바로 실습 2만 진행하면 삶의 중요한 가치를 균형 있게 생

각하지 못하고, 최근 발생한 사건이나 요즘 기분에 치우치기 쉽습니다.

② 같은 가치를 정하더라도 선정한 이유는 사람마다 다를 수 있습니다. 예를 들면 돈을 중요한 가치라고 정하더라도 '나의 행복'을 위해 돈이 중요하다는 사람도 있고 '가족의 행복'을 위해 돈이 중요하다는 사람도 있습니다.

③ 4~6인 1조로 자신이 중요하게 생각하는 가치에 대해 말합니다. 공유 시간은 15~20분입니다.

④ 조별 공유가 끝난 후 꼭 전체 공유를 합니다. 조에서 가장 긍정적인 내용을 발표한 사람을 뽑아 전체 공유를 하도록 합니다.

참고 실습 1은 다음과 같이 응용하여 진행할 수 있습니다.
일주일에 15분 정도, 10개의 질문 중에서 매주 2~3개씩 선별하여 대화를 나눕니다.
– 1주 차: 1~3번
– 2주 차: 4~6번
– 3주 차: 7~8번
– 4주 차: 9~10번
발표하기 전에 간단하게 메모한 후 대화를 나눕니다.

부정적인 감정에 파묻히지 않고 삶을 긍정하기

분류	안녕과 회복탄력성(Wellness&Resilience)

(1) 목적 및 기획 배경

일을 하다 보면 우리 삶을 조금씩 갉아먹는 '미세 스트레스'에 노출됩니다. 미세 스트레스를 유발하는 부정적인 사건과 기억을 긍정적으로 전환하는 방법을 학습하는 활동입니다.

미세 스트레스

스트레스	미세 스트레스
⬇	⬇
누가 봐도 삶이 휘청일 만한 사건, 감정	애매하지만 조금씩 우리 삶을 갉아먹는 스트레스, 일상 속의 미세한 부정적인 감정들

(2) 스토리 콘텐츠: 저자권으로 미세 스트레스 극복하기

미세 스트레스란?

넷플릭스 드라마 〈성난 사람들〉의 두 주인공은 각자의 삶에서 크고 작은 스트레스를 받아 폭발하기 직전에 서로를 만납니다. 마트 주차장에서 사소한 사고가 일어났을 뿐인데 둘은 곧장 폭주하여 난폭 운전을 하며 추격전을 벌이죠. 극단적인 예시지만, 이처럼 사소하지만 조금씩 삶을 갉아먹는 스트레스를 '미세 스트레스'라고 합니다. 미세 스트레스가 우리 삶을 갉아먹지 않도록 막으려면 일상에서 발생하는 사소한 부정적인 감정을 관리하는 것이 중요합니다. 물론 일을 하다 보면 부정적인 감정이 나도 모르게 솟구칠 때가 있죠. 인간이니까 당연합니다만, 이 감정에 파묻히지 않아야 합니다.

경험하는 자아 vs 기억하는 자아

대니얼 카너먼에 따르면 사람은 경험하는 자아와 기억하는 자아로 이루어져 있습니다. 경험하는 자아는 현재에 집중하고, 기억하는 자아는 과거에 집중합니다. 우리의 노력으로 기억하는 자아를 변화시키는 것은 어렵지 않습니다.

부정적인 감정에 파묻히지 않으려면 우선 내가 느끼는 부정적인 감정의 순간을 정확하게 인지해야 합니다. '왠지 모르게 기분 나쁘고 짜증 난다'라고 하고 넘어가지 않고, 정확히 어떤 순간에 어떤 기분을 느끼는지 알아야 합니다. 그런 다음 부정적인 감정을 불러일으킨 순간을, 감정을 배제한 채 건조하게 표현합니다. 스토아 철학자인 에픽테토스는 '사건이 발생했을 때, 그 사건은 아무런 힘이 없다. 사건에 대한 감정과 인식이 우리를 파국으로 몰아갈 뿐이다.'라고 말합니다. 부정적인 감정을 불러일으킨 순간을 솔직 담백하게 표현하는 것은 부정적인 감정의 회오리에서 벗어나는 출발점이 됩니다. 마지막으로는 '저자권Authorship'을 발휘해 긍정적인 의미를 부여합니다. 저자권이란 내 삶의 이야기를 좀 더 긍정적으로 편집하는 것을 말합니다. 대니얼 카너먼이 말하는 기억하는 자아를 활용해, 부정적인 사건도 의미 있게 편집하는 것이죠. 일에서 실패한 경험을 성장한 경험으로 인식하는 것이 대표적인 예입니다. 이미 발생한 사건에 집착하지 않고,

부정적인 감정에 파묻히지 않는 법

감정 세분화	부정적인 사건에 대해 투덜대기 객관화를 위해 감정을 세분화하여 바라보기
객관적 표상	부정적인 사건에 대한 인식 변화를 위해 담백한 언어로 표현하기
저자권 해석	부정적인 감정을 만든 사건에 의미 부여하기

기억하는 자아를 통해 삶의 긍정성을 채워 가는 것이 내 삶에 저자권을 발휘하는 것입니다.

감정 연표

	Day1	Day2	Day3	Day4	Day5	Day6	Day7
감정 세분화	● 밥 못 먹어서 불쾌함 ● 피곤해서 짜증 남	● 출근길에 차 막혀서 짜증 남					
객관적 표상							
저자권 해석							

(3) 활동 안내: 감정 연표

실습

① 2~3인 1조로 진행합니다. 실습을 한 번에 몰아서 하면 어려워할 수 있으므로 꼭 단계적으로 진행할 것을 추천합니다. 감정세분화를 마친 후에 객관적 표상, 저자권 해석 실습으로 이어질수 있게 합니다.

② 일주일 동안 경험한 부정적인 사건을 색깔로 표현합니다. 스티커, 색연필, 사인펜 등을 활용해 감정을 색깔로 표현하고 설명을간단히 적습니다(감정 세분화).

③ 감정 세분화가 끝난 후에는 일주일 동안 경험한 부정적인 사건을 설명합니다(객관적 표상). 감정을 배제하고 부정적인 사건을담백하게 기술합니다.

예 환자·보호자와 언짢은 대화를 했다. → 대화를 길게 했다.

예 퇴근하고 나서 청소하고 빨래를 하려니 짜증 났다. → 퇴근하고청소와 빨래를 했다.

예 3일 연속 오버타임을 해서 피곤했다. → 3일 동안 오버타임을 했다.

'3일 연속 오버타임을 해서 피곤했다.'라는 문장에서 피곤함이라는 감정을 배제하고 '3일 동안 오버타임을 했다.'라고만 쓰는 것이 객관적 표상입니다. 좀 더 나아가면 '어쨌거나 3일 동안 퇴근을 했다.'로 기록할 수도 있습니다.

④ 감정을 배제하고 담백한 언어로 적은 부정적인 사건에 최대한
긍정적인 의미를 부여합니다(저자권 해석).

예 3일 연속 오버타임을 했다. → 추가 수당을 많이 받았다. / 동료들
과 긴 시간 동안 함께할 수 있었다.

예 퇴근하고 청소와 빨래를 했다. → 나는 치울 집이 있다.

감정 세분화	객관적 표상	저자권 해석
3일 연속 야근을 해서 피곤하고 짜증이 났다.	3일 동안 야근했다. 3일 동안 퇴근은 했다.	돈을 많이 벌었다.
퇴근하고 청소하려니 너무 힘이 들었다. 남편은 도와주지도 않아 더 화가 났다.	퇴근하고 청소를 했다.	나는 치울 집이 있는 사람이다.
진상 환자가 30분 동안 컴플레인을 해서 너무 화가 났다.	환자와 긴 대화를 했다.	참을성이 많아졌다. 화난 환자를 대하는 커뮤니케이션 스킬이 발전했다.

타인의 감정이 나의 감정을
망치지 않게 하는 방법

분류	안녕과 회복탄력성(Wellness&Resilience)

(1) 목적 및 기획 배경

일을 하다 보면 다양한 사람을 만납니다. 함께 근무하는 동료부터 환자와 보호자까지 일터에서 다양한 사람을 만나다 보면 타인의 감정이 내 감정에 영향을 미치기도 합니다. 타인과 적절한 관계의 거리를 유지함으로써 일터에서 감정적으로 소진되는 것을 막아야 합니다.

(2) 스토리 콘텐츠: 바운더리 설정의 중요성

우리는 살아가면서 다양한 사람을 만납니다. 취향이 같아 쉽게 친해진 사람도 있고, 이해할 수 없는 취향을 가진 사람도 있습니다. 가치관이 같은 사람도 있고 반대인 사람도 있습니다. 서로 입장이나 관점이 달라 친해지기 어려운 사람도 있습니다. 서로 이해하기 어려운 사람들은 시간이 흘러도 이해하지 못할 때가 많습니다.

이해할 수 없는 사람을 애써 이해하려고 노력하면 감정적으로 소진될 수 있습니다. 타인을 100% 이해하거나 공감하겠다는 생각을 버려야 합니다. 타인은 이해의 대상이 아닌 존중을 바탕으로 한 공존의 대상입니다. 공감하기 위해 노력하기보다는 공존하기 위한 방법을 찾아야 합니다. 서로 다름으로 인해 상처받지 않도록 거리를 유지하면서 말이죠. 미국의 심리치료 전문가 네드라 글로버 타와브는 타인과 건강한 관계를 유지하려면 '바운더리'를 만들기를 권합니다. 바운더리란 안전하고 편안한 인간관계를 유지하기 위해 기대와 요구를 조절하는 안전장치입니다. 소진되지 않고 나를 지켜 가며 타인과 공존하는 심리적 거리를 유지하는 것이 핵심입니다.

바운더리 설정이 안 되면 관계 때문에 번아웃을 겪기 쉽습니다. 바운더리 설정은 자기 돌봄을 실천하는 첫걸음이며, 내가 소진되면서까지 과도한 일을 하지 않도록 해 줍니다. 상대방에게는 관계 내에서 용인되는 행동과 용인되지 않는 행동을 정확히 알려 줘야 합니다. 이는 관계를 명확하고 안전하게 만듭니다.

관계에서 바운더리를 정하는 것은 단절을 위한 경계선이 아닌 연결을 위한 이정표를 세우는 작업입니다. 내가 소진되지 않는 건강한 관계의 이정표를 세움으로써 일터에서 맺는 관계를 지속 가능하게 만듭니다.

나의 바운더리 테스트

1. 나는 거절하고 싶을 때 거절하지 못한다.

A. 그렇다. 자주 거절하지 못한다.

B. 아니다. 대부분 단호하게 거절해서 다시는 부탁하지 못하게 한다. 때로는 거절하기 위해 이유를 꾸며 내기도 한다.

C. 부탁을 들어 주지 못할 때는 거절한다.

2. 나는 자주 주변 사람을 돕고 그들의 문제를 해결해 주는 것을 좋아한다.

A. 그렇지 않다. 나는 다른 사람의 문제에 관여하고 싶지 않다.

B. 그렇다. 항상 도와주기 위해 최선을 다한다.

C. 돕는 것을 좋아하지만 나의 한계를 넘는 일이거나 내가 도울 수 없는 상황 이라면 무리해서 돕지 않는다.

3. 나는 주기적으로 무의미한 싸움이나 논쟁에 휘말린다.

A. 그렇다.

B. 그런 일을 겪지 않는다.

C. 종종 그런 일을 경험하다 보니, 그런 사람들과 거리를 두려고 노력한다.

4. 나는 동정심이나 죄책감, 의무감, 또는 위협 때문에 친구나 가족에게 돈을 빌려준다.

A. 그렇다.

B. 나는 언제 돌려 받을지 확실할 때만 돈을 빌려준다.

C. 돈 거래와 관련해서, 사람을 안 믿는다. 이미 다른 사람에게 돈을 빌린 사 람에게 돈을 빌려주고 싶지 않다.

5. 나는 업무 때문에 스트레스를 많이 받는다.

A. 그렇다. 때로는 퇴근 후에도 업무 때문에 스트레스를 받을 때가 있다.

B. 업무와 관련해서는 크게 스트레스를 받지 않는다. 회사의 일은 회사 일일 뿐이지, 내 일은 아니기 때문이다.

C. 일하다 보면 스트레스를 피할 수는 없다. 다만, 퇴근 후에는 일에 대한 생각을 떨쳐 버리기 위해 애를 쓴다.

6. 나는 소셜 미디어에 너무 많은 시간을 쓴다.

A. 그렇다. 틈만 나면 SNS에 접속한다.

B. SNS를 보는 것이 즐겁기는 하지만 수시로 확인하지는 않는다.

C. 나는 SNS에 관심이 없다.

7. 나는 누군가의 부탁을 거절할 때 죄책감이 든다.

A. 그렇다. 거절하면서도 괜히 미안한다.

B. 그렇지 않다. 다만 때에 따라서는 부탁을 거절하는 것에 미안함이 들 때도 있다.

C. 그렇지 않다. 내가 거절하는 것 때문에 죄책감을 느끼거나, 타인의 눈치를 볼 필요는 없다고 생각한다.

8. 나는 원하지 않는 활동이나 의무에 잘 동참한다.

A. 그렇다. 분위기 때문에 참여할 때도 많다.

B. 원하지 않는 모임은 정중히 거절한다.

C. 대부분 거절을 하다 보니 이제는 권유도 잘 하지 않는다.

9. 나는 사람들을 신뢰하지 않는다.

A. 그렇다. 사람은 신뢰할 수 없는 존재다.

B. 신뢰하는 사람도 있고, 신뢰하지 않는 사람도 있다.

C. 나는 대부분의 사람을 신뢰한다.

10. 나는 사람들을 사귈 때 개인적인 이야기를 빨리 털어놓는 편이다.

A. 처음 만난 사람과도 개인적인 이야기를 털어놓는 편이다.

B. 처음 만나서 친밀감을 느끼더라도, 개인적인 이야기를 하는 데에는 시간
이 걸린다.

C. 나는 정말 친한 친구나 가족 이외에는 개인적인 이야기를 털어놓지 않는다.

**11. 나는 사람들이 내 부탁을 거절해도 괜찮다. 그리고 거절을 기분 나쁘게
받아들이지 않는다.**

A. 그렇다.

B. 나는 거절당하면 기분이 나빠진다.

C. 나는 대체로 사람들에게 부탁하지 않는다.

12. 나는 나쁜 대접을 받아도 항의하지 못한다.

A. 그렇다. 그냥 참을 때가 많다.

B. 항의할 뿐만 아니라, 관계를 끊거나 뒤에서 험담할 때도 있다.

C. 아니다. 나는 내가 느끼는 감정을 사람들에게 말로 표현할 수 있다.

13. 나를 돌보는 데 충분한 시간을 보내고 있다.

A. 그렇다. 타인을 돌보는 시간도 있지만 나를 돌보는 시간도 확보하기 위해 애쓴다.

B. 아니다. 나는 나를 돌보는 시간을 확보하기가 어렵다.

C. 나는 나를 돌보는 시간만 있다.

14. 나는 내 잘못이 아닌 일에도 사과를 할 때가 있다.

A. 내 잘못으로 일어나는 일이 없다 보니 사과할 일도 없다.

B. 가끔은 사태 수습을 위해 사과를 할 때도 있다.

C. 그렇지 않다. 내가 책임져야 할 일에만 사과를 한다.

15. 나는 사람들에게 조언하거나, 내 생각을 잘 표현하지 못한다.

A. 그렇다.

B. 아니다. 내 조언이나 내 생각도 다른 사람들 의견만큼 중요하다.

C. 내 의견을 말하거나 조언하는 것을 즐긴다. 타인의 의견을 듣는 것보다 내 이야기를 더 많이 하는 것 같다.

허술한 바운더리	경직된 바운더리	건강한 바운더리

	A	B	C
1	허술한 바운더리	경직된 바운더리	건강한 바운더리
2	경직된 바운더리	허술한 바운더리	건강한 바운더리
3	허술한 바운더리	건강한 바운더리	경직된 바운더리
4	허술한 바운더리	건강한 바운더리	경직된 바운더리
5	허술한 바운더리	경직된 바운더리	건강한 바운더리
6	허술한 바운더리	건강한 바운더리	경직된 바운더리
7	허술한 바운더리	건강한 바운더리	경직된 바운더리
8	허술한 바운더리	건강한 바운더리	경직된 바운더리
9	경직된 바운더리	건강한 바운더리	허술한 바운더리
10	허술한 바운더리	건강한 바운더리	경직된 바운더리
11	건강한 바운더리	허술한 바운더리	경직된 바운더리
12	허술한 바운더리	경직된 바운더리	건강한 바운더리
13	건강한 바운더리	허술한 바운더리	경직된 바운더리
14	경직된 바운더리	허술한 바운더리	건강한 바운더리
15	허술한 바운더리	건강한 바운더리	경직된 바운더리

관계 매뉴얼

유형	상황	바운더리 설정을 위한 행동	

(3) 활동 안내: 바운더리 테스트, 관계 매뉴얼

실습: 바운더리 테스트

바운더리 테스트는 네드라 글로버 타와브의 《나는 내가 먼저입니다》[■]에 있는 테스트를 병원 상황에 맞게 수정한 것입니다.

① 5분 동안 바운더리 테스트를 진행합니다(151쪽).

② 채점표를 공유한 후 내가 어떤 성향의 바운더리를 지녔는지 확인합니다. MBTI나 IQ 테스트처럼 점수나 성향이 나오는 테스트가 아닙니다. 테스트를 통해 '나는 허술한 바운더리를 세우는 경향이 있구나.' 또는 '타인에게 경직된 바운더리를 지닌 편이구나.' 등 개략적으로 확인하는 실습입니다.

③ 채점 후에 각자의 바운더리에 관한 내용을 공유합니다.

실습: 관계 매뉴얼

① 4~6인 1조로 진행합니다.

② 바운더리 테스트 결과를 공유한 후, 자신이 바운더리 설정을 잘하지 못해 불편했던 상황을 1~2개 이야기합니다.

■ 네드라 글로버 타와브 저, 신혜연 역, 《나는 내가 먼저입니다》, 매일경제신문사, 2021

③ 조원 모두 이야기한 후 3~4개의 상황을 정해 관계 매뉴얼을 작성합니다.

④ 바운더리 설정에 필요한 행동을 최대한 구체적으로 적습니다.

허술한 바운더리	특징	타인과 선을 너무 가깝게 긋는다. 에너지 고갈을 느끼고, 능력 이상의 일을 하려고 한다. 건강하지 않은 관계 때문에 우울과 불안을 겪는다.
	행동	사생활을 너무 드러낸다. 타인에게 정서적으로 의존한다. 타인과 정서적으로 지나치게 밀착되어 있다. 거절하지 못한다. 사람들의 비위를 잘 못 맞춘다. 남의 조언에 의존한다. 거부당하는 것을 어려워한다. 타인이 함부로 대해도 참는다.
경직된 바운더리	특징	자기 방어를 위해 타인과 벽을 쌓는다. 상처받기를 두려워하거나 이용당한 적이 있어 경계한다. 관계에서 원칙을 엄격히 지킨다.
	행동	인간관계에 벽을 친다. 사생활을 공유하지 않는다. 상처받을 상황을 의식적으로 피한다. 관계를 단칼에 정리한다. 타인에게 기대치가 높다. 삶의 규칙을 엄격히 적용한다.
건강한 바운더리	특징	자신의 감정적, 정신적, 신체적 수용 능력을 잘 파악한다. 명확한 의사소통 능력을 지녔다. 과거가 현재의 인간관계에 영향을 미치지 않는다.
	행동	자신의 가치관을 정확하게 안다. 자신의 생각을 존중한다. 적절한 수준에서 사생활을 공유한다. 신뢰하는 사람에게 약한 모습도 보인다. 거절하는 것을 불편해하지 않는다. 거절당해도 기분 나빠하지 않는다.

신체적 바운더리	특징	신체적으로 학대한다. 허용하지 않았는데 가까이 접근한다. 신체를 접촉한다. 외모 평가를 한다.
	행동	저는 악수보다 포옹이 편해요. 사람들 앞에서 애정 표현은 불편해요. 외모에 대해 말하는 것은 불편합니다.
지적 바운더리	특징	각 아이디어/의견을 지적한다. 의견을 과소평가하거나 조롱한다. 자신과 견해가 다르다는 이유로 욕을 하거나 소리를 지른다.
	행동	농담이 지나치시네요. 그런 발언은 불쾌합니다. 제가 말을 해도 무시하는군요. 목소리를 낮추지 않으면 이야기를 나눌 수 없습니다.
감정 바운더리	특징	개인 정보나 감정을 너무 빨리, 많이 공유한다. 과도하게 고민을 털어 놓는다. 공유하고 싶지 않은 정보를 알려 달라고 압박한다. 타인의 기분이나 감정을 마음대로 정의, 축소, 부정한다.(예: 그런 일로 슬퍼할 필요 없어.)
	행동	들어 보니 고민이 많네. 그렇지만 나는 도와줄 능력이 없어. 그런 이야기는 불편해. 내 기분을 마음대로 판단하지 말아 줘. 나도 기분을 가라앉힐 시간이 필요해.
물질적 바운더리	특징	빌려 간 물건을 오래 쓴다. 빌려 간 물건을 돌려주지 않는다. 물건을 훼손하고 보상하지 않는다. 돈을 안 갚는다.
	행동	돈/차를 빌려줄 수 없어. 옷을 빌려줄게. 대신 더러워지면 꼭 세탁을 해서 돌려줘야 해.
시간 바운더리	특징	급한 일도 아닌데 여러 번 전화한다. 다른 사람이 자신의 일을 발 벗고 도와주길 바란다. 대가 없이 도와 달라고 한다. 원하지 않는 대화를 길게 한다.
	행동	오늘은 늦게까지 못 있을 것 같아. 이번에는 못 도와줄 것 같아.

나다움 말하기

(1) 목적 및 기획 배경

'나다움'을 강화하는 것은 일의 의미를 발견하는 효과적인 방법입니다. 일터에서 나다움을 강화하려면 내가 어떤 사람인지 자주 말하는 것이 좋습니다. 이렇게 하면 자신의 정체성을 강화하여 일의 의미에 대해 생각할 수 있습니다. 타인에게는 내가 어떤 사람인지 명확하게 알려 줄 수 있습니다. 수많은 의료진 중 한 명이 아니라 명확히 구별되는 나다움을 공유하는 것은 인격적인 관계의 시작이 됩니다.

(2) 스토리 콘텐츠: 대화의 힘

나답게 말하기 위해서는 무엇이 필요할까요? 일단 나답게 말하기는 두 가지로 나누어 볼 수 있습니다. 하나는 말의 '형식'에서 나답게 말하기입니다. 말하는 톤, 표정, 속도 등 비언어적 요소가 나의 성격이나 가치관과 어울리도록 말하는 것입니다. 다른 하나는 말의 '내용'에서 나답게 말하기입니다. 대화할 때 나다움을 전달하는 내용, 내가 어떤 사람인지, 나의 정체성을 전달하는 내용을 다루는 것이 나답게 말하기에 속합니다. 사람과 사람 사이의 대화는 크게 세 가지 유형으로 분류할 수 있습니다.

찰스 두히그의 《대화의 힘》[■]에 따르면 대화는 의사 결정을 위한 대화, 감정을 나누는 대화, 사회적 정체성에 대한 대화로 나뉩니다. 의사 결정을 위한 대화는 정보를 주고받고 상대를 설득하거나 합의에 이르기 위한 대화이고, 감정을 나누는 대화는 기분을 이야기하고 상대방의 감정 흐름에 맞춘 대화이며, 사회적 정체성에 대한 대화는 내가 누구이고 상대방이 누구인지 알아 가는 대화입니다. 각각 의사 결정 마인드셋, 감정적 마인드셋, 사회적 마인드셋을 기반으로 합니다.

대화의 유형

의사 결정 마인드셋	감정적 마인드셋	사회적 마인드셋
무엇을 말하고 싶은가? 의사 결정을 위한 대화	어떤 기분인가? 감정을 나누는 대화	나 혹은 당신은 누구인가? 사회적 정체성에 대한 대화

■ 찰스 두히그 저, 조은영 역, 《대화의 힘》, 갤리온, 2024

대화의 유형은 내용이 아닌 맥락에 따라 정의됩니다. 똑같은 대화도 감정을 나누는 대화가 될 수도 있고, 사회적 정체성에 대한 대화가 될 수도 있습니다. 우리 어머니는 제가 어렸을 때의 이야기를 자주 하십니다. 이런 대화는 단순히 과거 이야기로 감정을 나누는 대화일 수도 있지만, 사회적 정체성에 대한 대화일 수도 있습니다. 자식이 장성했지만 여전히 당신은 누군가의 어머니로서 역할을 하고 있음을 강조한 대화라면 사회적 정체성에 관한 대화입니다.

사회적 정체성에 대한 대화는 말하는 사람과 듣는 사람 모두에게 중요합니다. 우리는 언어를 통해 정체성을 만들고 정체성에 따라 행동합니다. 우리와 대화하는 사람은 우리의 언어를 통해 우리를 파악하고, 관계를 쌓습니다. 내가 누구인지 명확하게 인지하고 알리는 것은 정체성을 강화합니다. 내가 사용하는 언어는 내가 원하는 정체성에 접근할 가능성을 높입니다. 나를 둘러싼 상황에 기계적으로 반응하지 않고, 내가 어떤 사람인지 명확하게 인지하면 그만큼 일에서 의미를 찾는 것도 쉽습니다. 부정성에 휩쓸리지 않으니까요.

나다움의 표현은 타인에게 나에 대한 안내판이 되어 줍니다. 내가 어떤 사람이고, 내가 소중하게 생각하는 것은 무엇인지, 관계에 예측 가능성을 부여합니다. 정말 중요하게는 인격적인 관계 형성의 시작이 될 수 있습니다. 내가 어떤 사람인지 명확하게 공유하는 사람은 수많은 의료진 중 한 명으로 나를 인식하는 대신 개별적인 인격체로 나를 인식합니다.

나다움의 표현

'나다움'의 표현은 '나답게 일하기'의 시작

고전에서의 나다움 말하기

고대 그리스 시인 호메로스의 〈오디세이아〉에 등장하는 나다움 말하기를 살펴봅시다. 〈오디세이아〉는 그리스에서 가장 오래된 서사시입니다. 그의 작품 〈일리아드〉와 〈오디세이아〉는 고대 그리스 문학의 기초가 되었는데요. 〈일리아드〉는 그리스의 연합군이 트로이를 정복하는 내용을 담고 있으며, 〈오디세이아〉는 그리스를 이끄는 장군인 오디세우스가 고향인 이타카로 귀환하는 이야기를 담고 있습니다. 전쟁 10년, 귀환 10년 총 20년에 걸친 이야기죠. 오디세우스의 귀환 여정에 인생, 자아 찾기, 자기계발, 정체성, 인간의 본성, 전략전술 등 다양한 의미를 담아내었습니다.

그의 여정을 보면 지중해 전역을 방황했음을 알 수 있습니다. 트로

오디세우스의 귀환 여정

이에서 이타카는 꽝장히 가까운 거리지만 돌고 돌아 힘겹게 도착합니다. 긴 여정 중에 정말 수많은 사람과 요정을 만납니다. 이들과 관계를 맺는 방식을 살펴보면 일종의 패턴을 엿볼 수 있습니다. 처음 만나는 사람과는 도움을 주거나, 도움을 받거나, 또는 싸웁니다. 그 과정에서 자신이 누구인지 밝힙니다. 시간이 갈수록 오디세우스가 자신을 드러내는 방식이 조금씩 바뀝니다. 모험 초반에는 성급하고 지혜롭지 못합니다. '이게 지혜로운 오디세우스라고?' 하는 탄식이 나올 정도입니다. 자신의 상황을 생각하지 않고, 성급하게 적과 싸우고, "내가 그 유명한 오디세우스다!"라고 밝히기도 합니다. 그의 이런 태도는 갈등을 만들고 스스로를 위험에 빠뜨립니다. 계속된 갈등으로 귀향의 여정이 늦어집니다.

오디세우스의 말하기

처음 만나는 사람과의 관계 형성	확고한 정체성
도움을 받거나, 도움을 주거나, 싸우거나	언제 어디서나 "나는 이타카에서 온 라에르테스의 아들 오디세우스다!"

후반부에 가서야 그의 말하기 방식은 조금씩 바뀝니다. 특히 나우시카를 만났을 때 그의 말하기 방식이 두각을 드러냅니다. 대화의 마인드셋이 총출동합니다. 오디세우스가 나우시카를 만났을 때의 모습을 상상해 봅시다. 건장한 남자가 옷은 거의 헐벗고 있습니다. 처음만난 소녀의 환심을 사야 도움을 받아 고향으로 돌아갈 수 있는 상황입니다. 이때 오디세우스는 아주 현란한 말솜씨를 구사합니다. 극존칭을 쓰기도 하고 그녀의 부모를 간접적으로 칭찬하기도 합니다. 능수능란하게 대화를 이끈 후에, 본인이 원하는 것을 정확하게 요구하죠. 파이아케스 족의 나라에서도 신중합니다. 초반부터 자신이 누구인지 밝히지 않고 아주 조금씩 정보를 흘립니다. 적이 없는지부터 확인한 다음에야 어떤 태도를 취할지 정합니다. 마지막에 가서야 자신

이 오디세우스임을 밝힙니다.

초반에 의사 결정 마인드셋으로 시도했던 대화는 재앙을 불러왔지만, 사회적 마인드셋과 감정적 마인드셋을 기반으로 관계를 구축한 후 의사 결정 마인드셋으로 이어 나간 대화는 성공적이었습니다. 자신의 요구 사항부터 말하지 않고, 자신이 어떤 경험을 했는지, 어떤 능력을 지녔는지, 어떤 목적을 가지고 있는지 조금씩 이야기합니다. 짧고 정확하게 오디세우스를 구성하는 핵심적인 서사를 조금씩 알려주는 것입니다.

오디세우스가 어떤 목적을 가지고, 어떤 삶을 살아왔는지 알게 된 사람은 그를 대하는 태도를 결정합니다. 그를 좀 더 정중하게 대하는 사람도 있습니다. 단순한 떠돌이가 아니라, 오디세우스로 인식하게 되는 것이죠. 우리가 처음 만난 사람과의 관계에서도 비슷합니다. 나의 서사를 아는 사람과는 좀 더 인격적인 관계를 형성하기 쉬워집니다.

'나다움 말하기'는 '나다움'을 정의하는 것에서 출발합니다. 나의 핵심 서사를 찾고, 대화 중에 상대방에게 내가 어떤 사람인지 명확하게 전달할 수 있어야 합니다.

나의 핵심 서사 찾기

가장 할 이야기가 많은 질문 4개를 골라 자세히 써 주세요.
동료들과 공유해 주세요. 내가 쓰고 말했던 내용을 1~2줄로 정리해 주세요.

1. 마지막으로 울었던 적은 언제입니까? 또 혼자 울었던 적은 언제였나요?

2. 살면서 언제 가장 감사하다는 생각이 들었나요?

3. 당신의 수명은 90세입니다. 몸과 마음, 둘 중에 하나는 30세의 상태로 90세까지 살 수 있다면 30세의 마음과 30세의 몸 중에서 무엇을 선택하겠습니까?

4. 아주 오랜 시간 꿈꿔 온 것이 있습니까? 그 꿈은 무엇이고, 왜 아직 꿈을 이루지 못했나요?

5. 집에 불이 났습니다. 가족과 반려동물은 모두 대피한 상황입니다. 당신은 마지막으로 집에 들어가서 딱 한 가지의 물건만 가지고 나올 수 있습니다. 그것이 무엇일까요?

6. 오늘의 내가 가장 소중하게 생각하는 추억은 무엇입니까?

7. 친구와의 관계에서 가장 중요한 것은 무엇이라고 생각합니까?

8. 당신은 가족과 가깝다고 생각하나요?

9. 당신이 죽기 전에 마지막으로 먹을 수 있는 음식을 선택할 수 있다면 어떤 음식을 먹겠습니까?

(3) 활동 안내: 나의 핵심 서사 찾기

실습

① 내 삶의 핵심적인 서사 생각해 보기: 활동지에 있는 9개의 질문 중에서 3~4개를 선정하여 각자 써 보는 시간을 갖습니다. 충분히 써 본 후에 공유합니다.

② 공유하기: 공유할 때는 우선 하나만 발표합니다. 한 가지를 공유할 때 걸리는 시간을 확인한 후, 몇 개까지 공유할지 결정하면 됩니다.

③ 핵심 서사를 짧은 문장으로 정리하기: 짧은 문장으로 정리하는 것은 꼭 ②번 '공유하기' 활동을 종료한 후에 진행합니다. 타인에게 자신의 이야기를 말하면서 생각이 정리되는 경우가 많기 때문입니다.

2장
캠페인 콘텐츠

캠페인 콘텐츠에는 마음약방, 바이럴 페이Viral Pay, 엠파시 티켓Empathy Ticket이 있습니다. 주로 부서 및 직군 간 소통과 이해를 높이기 위해 진행되어 참여 규모가 큽니다. 따라서 자주 기획하거나 실행하기 어렵습니다. 보통 1년에 1~2회 진행하거나, 2년에 1회 주기로 진행하는 것이 바람직합니다.

	주제	분류
1	마음약방	안녕과 회복탄력성 (Wellness&resilience)
2	바이럴 페이	실시간 평가 (Real-time Measurement)
3	엠파시 티켓	공동체 의식 (Camaraderie&Teamwork)

마음약방

분류	안녕과 회복탄력성(Wellness&Resilience)

(1) 목표 및 기획 배경

마음약방은 고민을 익명으로 공유하고, 위로와 처방을 주고받는 활동입니다. '나만 이렇게 힘들까?'라는 부정적인 생각과 감정에서 벗어나는 데 도움이 됩니다. 이 활동은 일터에서 느끼는 부정적인 감정을 개인의 잘못이나 고유한 경험으로 여기지 않게 해 줍니다. 나의 고민과 어려움은 선배들도 이미 겪었을 것입니다. 나뿐만 아니라 동료들도 비슷한 고민을 하고 있을 것입니다. 이처럼 서로의 고민과 어려움에 공감하고, 솔루션을 공유하는 과정에서 '우리'라는 연대감을 더욱 강화할 수 있습니다.

마음의 처방전
마음약방

마음약방이란?

동료의 상황과 감정에 공감하는 활동입니다. 익명으로 나의 고민을 써 주세요. 동료들이 마음의 처방전을 써 드립니다.

진행 방법

요즘 나의 고민을 써서 우체통에 넣어 주세요. 고민 중에 2개를 뽑아 마음의 처방전을 써 드립니다.

> **예** "환자분께 따뜻하면서도 알기 쉽게 설명하는 노하우를 알고 싶습니다~!",
>
> "작은 일에도 자꾸 화가 나요!", "운동을 못하니 체력이 점점 떨어져요."

마음약방 일정

일정	단계	진행
8/12~8/26	고민 듣기	우체통에 고민을 적은 편지지를 넣는다.
8/27~9/10	선정된 고민 게시 및 처방전 쓰기	고민 중에서 2개를 뽑아 게시판에 게시한다. 게시된 동료의 고민에 처방전을 붙인다.
9/11~9/18	처방전 적용 후 후기 올리기	마음의 처방전 공유, 후기 남기기

마음의 처방전
마음약방

고민 1	고민 2
나의 처방전	나의 처방전
처방전 적용 후기	처방전 적용 후기

(2) 활동 안내

① 부서별로 우체통을 준비합니다. 만약 우체통을 사기 어렵다면 종이 박스로 만들어도 좋습니다.

② 각자의 고민을 담은 쪽지를 우체통에 넣습니다. 2주 정도 기간을 두어 고민을 수집합니다. 고민을 쓸 쪽지를 별도로 디자인해도 좋지만, A4 용지를 4등분해서 활용해도 됩니다.

③ 부서장 및 조직 문화 리더가 고민 중에서 2개를 선정합니다. 선정된 고민은 부서에 게시되며, 고민에 대해 부서원이 마음의 처방전을 써 줍니다.

④ 고민을 정할 때 부서 전체가 모여 함께 우체통을 개봉해서 선정하는 것도 좋습니다. 다만 지나치게 부정적인 고민이나 사적인 내용이 공개되는 것이 염려되면 조직 문화 리더가 사전에 고민을 검토한 후에 공개하면 됩니다.

⑤ 마음약방 활동지를 부서에 게시하여 서로 마음의 처방전을 써 줍니다.

바이럴 페이

분류	실시간 평가(Real-time Measurement)

(1) 목표 및 기획 배경

바이럴 페이는 직원들이 직접 동료의 성과를 평가하고, 그 결과에 따라 보상이 결정되는 독특한 성과급 시스템입니다. 바이럴 페이의 가장 큰 특징은 '동료가 서로 평가한다'는 것입니다. 상사가 아닌, 함께 일하는 동기나 선후배가 평가하는 시스템입니다.

조이 인 워크에서는 바이럴 페이를 물질적인 보상 시스템으로 활용하지 않고, 조이 인 워크의 가치를 가장 잘 실현하는 동료를 선발하여 의미 있는 보상을 주는 방식으로 진행합니다.

Joy in Work   Viral Pay

바이럴 페이란?

평가를 하지 않고도 일 잘하는 사람에게 정당한 보상이 돌아가도록 하는 평가 방식입니다. SMC 교육인재개발실에서는 일의 의미와 즐거움을 찾고, 상호 존중의 언어로 소통하는 문화를 만들기 위한 조이 인 워크 활동의 일환으로 '바이럴 페이' 활동을 진행합니다. 매달 주제를 정하여, 주제에 가장 부합하는 동료를 선발합니다. 선발된 동료에게는 병원에서 자랑스러운 배지를 수여하고자 합니다. 적극적이고 즐겁게 활동에 참여하길 바랍니다.

바이럴 페이 규칙

1) 토큰을 자신에게는 줄 수 없다.
2) 반드시 모든 토큰을 다른 사람에게 주어야 한다.

(2) 활동 안내

① 조이 인 워크의 아홉 가지 프레임워크 중 바이럴 페이를 진행할
   주제를 고릅니다.

예를 들어, 환자와의 관계에서 탁월한 성과를 보이는 직원을 뽑는
다면 의미와 목적Meaning&Purpose을, 동료와의 관계를 중심으로 하려면
공동체 의식Camaraderie&Teamwork을 선정합니다.

② 세부 주제를 정합니다. 세부 주제가 명확하지 않으면 인기 투표
   로 흘러갈 염려가 있습니다.

예를 들면 의미와 목적Meaning&Purpose이라는 큰 주제만 제시되면
모호하여 투표하기 어렵습니다. 좀더 구체적으로 적어야 합니다.

예 이번 달에 환자에게 설명을 가장 잘한 동료는?

예 이번 달에 동료의 이야기를 가장 많이 들어 준 사람은?

③ 부서원들에게 토큰을 나눠 줍니다. 토큰의 형태는 플라스틱, 종
   이, 금속, 어떤 것이든 상관없습니다. 동료에게 직접 전달하도록
   합니다.

④ 바이럴 페이 기간이 종료되면 토큰의 개수를 세어 가장 많은 사
   람에게 상을 줍니다.

⑤ 시상을 할 때는 부서장 이상의 상위 직급자가 꼭 참석하여 꽃다
   발이나 기념품을 전달합니다.

유의 사항

바이럴 페이를 성공적으로 진행하기 위해서는 리더의 역할이 중요합니다. 바이럴 페이가 단순히 부서 내 인기 투표로 전락하지 않으려면 리더가 바이럴 페이의 의미를 충분히 인식해야 합니다. 사전 홍보부터 시상 과정에 중요한 의미를 부여해야 합니다. 동료들이 우수한 직원을 직접 선정하고, 평소에 만나거나 대화하기 어려웠던 리더가 상을 주는 행위는 바이럴 페이를 의미 있는 활동으로 만듭니다.

엠파시 티켓

⋮

분류	공동체 의식(Camaraderie&Teamwork)

(1) 목표 및 기획 배경

엠파시 티켓Empathy Ticket은 부서 단위를 넘어, 다직종 연계 및 타부서와의 소통을 장려하는 활동입니다. 다른 부서 동료에게 평소 고마운 마음을 갖고 있지만 쑥스러워 표현하지 못했다면 이 활동을 계기로 고마움을 표현할 수 있습니다. 또는 함께 일하는 타직종이나 타부서 동료의 소중함을 생각해 보는 시간입니다.

TO._____

넌, 나에게 참 괜찮은 동료야~

Empathy
Ticket

티켓 발행인:_____

| NO. | 개별 티켓 발행:
9/19~9/30 |
| | 부서 티켓 오픈 및 쿠폰 사용:
9/30~10/31 |

[쿠폰 유효기간 : ○○○○년 10월 31일] 동전으로 긁어 주세요.
유효기간 만료 후 사용 불가, 남은 금액 현금 제공 불가

티켓 주관처: 교육인재개발실

(2) 활동 안내

엠파시 티켓은 엽서와 복권을 합친 형태입니다. 흥미 요소는 두 가지입니다. 하나는 동료로부터 복권을 받는 재미, 또 하나는 다 함께 모여 복권을 긁는 재미입니다. 엠파시 티켓은 진행 방법이 간단하므로 디자인이 중요합니다. 티켓을 딱 봤을 때 호기심이 생겨야 합니다. 티켓 디자인으로 호기심을 불러일으키는 방법 중 하나로는 동료들의 사진을 넣는 방법이 있습니다.

부서 간 소통을 목적으로 진행하다 보니 준비와 진행 기간을 길게 잡아야 합니다. 엠파시 티켓 활동은 다음과 같은 진행 단계를 따릅니다.

실습

① 대상 부서 및 범위 협의(1~2주)

현장 부서와 협의하여 대상 부서와 범위를 결정합니다. 간호만 적용할지, 타직종도 포함하여 진행할지 유관 부서와 협의해야 합니다.

② 디자인 및 인쇄(5주)

엠파시 티켓 활동을 홍보하는 포스터와 티켓을 디자인해야 합니다. 디자인에는 2주, 인쇄에는 3주 정도 소요됩니다. 디자인 업체나 인쇄소 상황에 따라 기간이 더 늘어날 수도 있습니다.

디자인을 의뢰할 때는 초반에 꼭 디자인 레퍼런스를 받은 다음 진행해야 합니다. 디자인 요청 후 견본 디자인이 왔을 때 마음에 들지 않아 디자인을 재요청하면 비용이 추가로 듭니다. 또, 초안이 확정된 후에는 수정 피드백을 1회 안에 마쳐야 합니다.

③ 대상 부서에 사전 공지(2주)

온라인 및 오프라인 채널을 통해 대상 부서에 엠파시 티켓 활동을 사전 공지합니다. 되도록이면 포스터를 인쇄해서 부서 게시판에 붙이는 게 좋습니다. 조직 문화는 눈에 보이지 않으므로 포스터 같은 사물로 조이 인 워크 활동이 진행되고 있음을 보여 주는 것이 좋습니다. 만약에 조이 인 워크 활동을 시작한 지 얼마 되지 않았다면 포스터에 간단하게 조이 인 워크 활동의 취지를 담는 것도 좋습니다.

④ 부서 활동(3주)

부서별로 엠파시 티켓 활동을 진행합니다. 평소 고마웠던 동료에게 티켓을 선물하도록 합니다.

⑤ 활동 결과 취합(2주)

부서별 활동 내용을 PPT나 사진의 형태로 취합합니다.

유의 사항

① 엠파시 티켓은 1인당 3장 내외로 나눠 줍니다. 엠파시 티켓을 한 장도 못 받는 사람이 있으면 안 되므로 부서장 또는 조직 문화 리더는 중간중간 못 받는 사람이 있는지 체크해야 합니다. 활동 종료 기간까지 한 장도 못 받는 직원이 없도록 신경 써야 합니다.

② 엠파시 티켓의 앞면은 복권처럼 긁을 수 있고, 뒷면에는 동료에

게 편지를 쓰는 공간이 있습니다. 복권을 긁을 때는 다 함께 모여 긁습니다. 혼자 긁는 것보다 모두 함께 모여 긁도록 부서 이벤트로 진행합니다.

3장
스폿 콘텐츠

	주제	분류
1	나의 생산성 시간표	일상의 개선 (Daily Improvement)
2	우리 병원이 팝업 스토어를 만든다면	일상의 개선 (Daily Improvement)
3	밍글스 미팅	공동체 의식 (Camaraderie&Teamwork)
4	나에게 해 주고 싶은 말	일상의 개선 (Daily Improvement)
5	프렌드십 챌린지	공동체 의식 (Camaraderie&Teamwork)
6	나에게 해 주고 싶은 말 2	공동체 의식 (Camaraderie&Teamwork)
7	조이 인 워크 지도 그리기	공동체 의식 (Camaraderie&Teamwork)

나의 생산성 시간표

분류	일상의 개선(Daily Improvement)

(1) 목적 및 기획 배경

성장하기 위해서는 현재의 나를 관찰해야 합니다. 전체 근무 시간 중에 집중한 시간과 그렇지 못한 시간을 생각해 봅니다. 생산성이 떨어지는 시간대에 효율을 높일 방법을 함께 고민합니다.

나의 생산성 시간표(평일, 주말)

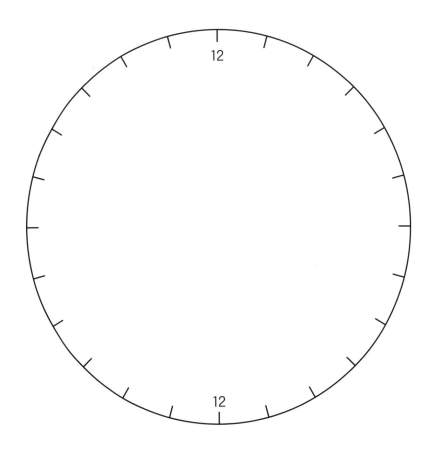

1. 내가 집중하는 시간, 그렇지 못한 시간을 알아보기 위한 실습입니다. 혼자서 진행해 주세요.
2. 나의 생산성 또는 집중력을 고려해서 색깔을 칠하세요. 각 시간대에 내가 하는 일을 간단하게 적고, 집중력을 단계별로 표시하세요.

1단계	2단계	3단계	4단계	5단계
집중력이 아주 낮음	집중력이 낮음	보통	집중이 잘 되고 생산성도 높음	최고의 집중력

3. 시간대별로 상징하는 한마디를 적습니다. '힘들다', '가장 집중이 잘 된다' 등
4. 일하기 힘들거나 스트레스가 많을 때 혹은 집중력이 떨어지는 시간대에 효율적으로 일할 수 있는 방법을 세 가지 적으세요.

1)

2)

3)

(2) 활동 안내

① 4~6인 1조로 진행합니다.

② 시간대별로 생산성과 집중력을 단계별로 색칠합니다.

③ 각 시간대를 상징하는 한마디를 적습니다.

④ 생산성과 집중력이 떨어지는 시간대에 효율을 높일 방법을 적습니다.

⑤ 조별로 공유합니다.

⑥ 공유가 끝난 후에는 동료들이 발표한 방법 중에서 실천해 보고 싶은 방법에 대해 이야기를 나눠도 좋습니다.

우리 병원이 팝업 스토어를 만든다면

| 분류 | 일상의 개선(Daily Improvement) |

(1) 목적 및 기획 배경

우리 병원 또는 부서의 가치와 특징을 시각화하는 활동입니다. 연말에 진행하면 좋습니다. 한 해 활동을 즐겁게 마무리하는 시간을 가질 수 있습니다.

콜라주 배경

(2) 활동 안내

① 콜라주를 만드는 데 필요한 기본적인 물품을 준비합니다. 잡지,
색종이, 가위, 풀 등 최대한 다양한 물품을 준비합니다.

② 색종이나 잡지를 오려 붙일 디자인된 배경을 준비합니다. 연말
에 진행하는 경우, 크리스마스 분위기가 나는 배경을 준비하면
좋습니다.

③ 박스로 모형을 만들어도 좋습니다.

④ 부서에서 진행한다면 4~6인 1조로 진행합니다. 인원이 많으면
10인 정도가 두 개의 작품을 만드는 방식으로 진행합니다.

⑤ 주제를 공유합니다.

예 우리 병원이 호텔을 만든다면 어떻게 운영하면 좋을까요?

예 우리 병원이 팝업 레스토랑을 만들어 완쾌된 환자 혹은 한 해 동
안 수고한 직원을 초대하려고 합니다. 어떤 메뉴를 준비하면 좋
을까요?

박스를 활용한 활동

밍글스 미팅

(1) 목적 및 기획 배경

동료들과 처음 만나거나 조직 문화 리더 워크숍이 처음 기획되었을 때 진행하면 좋습니다. 비슷한 목표와 방향성을 가진 동료를 이해하고 알아 가는 시간을 가질 수 있습니다.

밍글스 미팅

나를 표현할 수 있는 그림 + 별명
내가 팀에서 배우고 싶은 것
내가 동료들과 공유할 수 있는 지식과 경험
나를 즐겁게 일하게 만드는 요소
미래의 내 모습
3년 후 내 모습:
5년 후 내 모습:
10년 후 내 모습:

(2) 활동 안내

　① 4~6인 1조로 진행합니다.

　② 밍글스 미팅 활동지에 각자 답을 적습니다. 대화가 목적이므로
　　완결된 문장으로 꼼꼼하게 적지 않아도 좋습니다. 시간은 10분
　　이면 적당합니다.

　③ 조별로 공유합니다.

　④ 몇 개의 질문만 선별해서 진행해도 좋습니다.

나에게
해 주고 싶은 말

분류	일상의 개선(Daily Improvement)

(1) 목적 및 기획 배경

몇 년 동안 조이 인 워크를 진행했다면 그동안의 활동을 돌아보고 새
해의 활동을 위한 동기 부여가 필요합니다. 작년의 나와 올해의 나를
비교하며 한 해 성장을 위한 의지를 다질 수 있습니다.

나에게 해 주고 싶은 말

① ○○년 3월의 '일터에서의 나'와 ○○년 12월의 '일터에서의 나'를 표현한다면?					

* ○○년 3월의 나					
DASHBOARD					
동료와의 연대감					FULL
성장하는 감각					FULL
스트레스					FULL
심리적 안정감					FULL

* ○○년 12월의 나					
DASHBOARD					
동료와의 연대감					FULL
성장하는 감각					FULL
스트레스					FULL
심리적 안정감					FULL

② 조이 인 워크 워크숍에 참여하게 된 계기와 기대하는 것은?

(2) 활동 안내

　① 작년의 나와 올해의 나를 비교하는 대시보드에 색칠을 합니다.

　② 올해 조이 인 워크 워크숍에서 기대하는 것을 적습니다. 대시보

　　드에서 부족한 부분을 어떻게 보완할지 적어도 좋습니다.

프렌드십 챌린지

분류	공동체 의식(Camaraderie&Teamwork)

(1) 목적 및 기획 배경

동료와 친밀감을 형성하기 위해 무엇을 할 수 있는지 이야기하는 활동입니다.

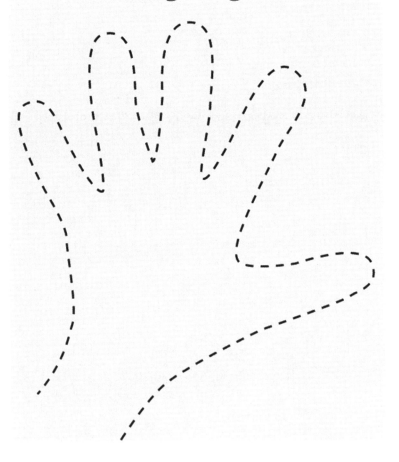

what makes you a good friend?

(2) 활동 안내

① 짧은 시간 동안 진행되므로 10인 1조로 진행해도 좋습니다.

② 동료와 친밀감을 형성하기 위해 할 수 있는 말이나 행동을 다섯 가지 적습니다. 실행 가능한 내용을 적도록 합니다. 다섯 손가락 위에 적습니다.

③ 동료에게 공유합니다.

④ 주제를 변형해서 진행해도 좋습니다.

예 원활한 협업을 위해 할 수 있는 일은 무엇일까?

나에게
해 주고 싶은 말 2

| 분류 | 공동체 의식(Camaraderie&Teamwork) |

(1) 목적 및 기획 배경

조이 인 워크 활동은 연간 계획으로 진행됩니다. 연초에는 한 해의 활동을 시작하고 연말에는 한 해의 활동을 정리합니다. 시작과 끝을 명확하게 알림으로써 루틴한 업무만 반복하는 지루함을 덜고, 조이 인워크 활동에 적극적으로 참여하도록 유도할 수 있습니다.

메세지 카드

"
파이팅 ○○○!
브라보 멋지다 ○○○!
"

"
우리 같이 천천히 _____보자.
○○아 나 지금 되게 _____.
"

"
어떻게 _____ 님 화나셨어.
내가 _____를 너무 잘했나봐.
"

"
"

"
"

"
"

(2) 활동 안내

한 해를 시작하는 마음을 활동지에 적고 게시합니다. 단순히 글로 적기보다 동료들과 재미있게 생각을 공유하는 활동입니다. 나에게 전하는 메세지를 쓰기 어렵다면 활동 시기에 유행하는 밈을 활용해도 좋습니다. 예시 사진은 당시 화제가 된 드라마 〈더 글로리〉의 대사를 활용하여 메세지를 적은 예입니다(205쪽).

① 메세지 카드 선택

다양한 대사가 쓰인 메세지 카드를 고릅니다. 사람마다 선호하는 메세지가 서로 다를 수 있습니다. 카드를 참여 인원의 2~3배수 정도 준비하는 게 좋습니다. 10명에게 카드를 나눠 줄 때는 24장을 준비했습니다. 6종류의 카드를 4장씩 준비한 셈입니다.

② 각자 메세지 적기

메세지를 적을 때는 그 카드를 선택한 이유도 함께 적습니다.

③ 공유하기

조별로 공유합니다. 다만 짧게 발표하고 넘어갑니다. 20명 이내의 부서에서 진행한다면 전체 공유하는 것도 좋습니다.

④ 게시하기

직원들만 볼 수 있는 공간이 있다면 게시합니다.

주제

조이 인 워크
지도 그리기

| 분류 | 공동체 의식(Camaraderie&Teamwork) |

(1) 목적 및 기획 배경

조이 인 워크 활동의 지속적인 진행을 권장하고자 연간 활동 상황을
확인하는 지도를 제작합니다.

조이 인 워크 지도 그리기

(2) 활동 안내

   ① 조이 인 워크 지도를 디자인합니다. 올해 핵심적으로 진행하고

     자 하는 구성 요소를 지도에 표시합니다.

   ② 활동이 끝날 때마다 활동 사진을 지도에 붙입니다.

부록

조이 인 워크
실무자 인터뷰

인터뷰 1:
삼성서울병원 임상교육파트
신승희 파트장

Q. 조이 인 워크 실무자로서 가장 곤란했거나 어려웠던 순간은 언제였나요?

A. 현장 부서와의 소통이 제일 어렵지만 그만큼 중요합니다. 현장과 충분히 소통하지 않으면 교육 의도와 다르게 해석되거나 다른 방향으로 활동이 진행될 수 있습니다. 예를 들면 잘하는 직원을 격려하는 의미로 진행한 활동인데 다른 직원을 배제시키는 것 같다는 의견이 나올 수도 있습니다. 특히 활동 초기에는 리더뿐만 아니라 부서장에게도 활동의 취지와 목적, 기대 효과 등을 정확하게 공유하는 것이 좋습니다.

Q. 조이 인 워크 실무자로서 가장 보람 있었던 순간은 언제였나요?

A. 현장에서 우리가 기획한 의도에 맞게 교육 내용을 전파하고 활용했을 때 가장 기뻤습니다. 코로나19로 원내 마스크 착용이 필수였을 때 입사한 신규 간호사를 대상으로 한 마음약방 활동이 기억에 남는데요. 마스크를 써서 얼굴조차 알리지 못한 채 일하던 그들에게 지금의 고민과 앞으로의 다짐을 나눌 수 있는 장을 마련한 것 같아 보람 있었습니다. 또한 코로나19로 모두가 지쳐갈 때 진행했던 엠파시 티켓Empathy Ticket 활동은, 매 순간 즐겁지는 않지만 언제나 환자에게 도움이 되는 일을 할 수 있고, 함께하는 동료가 있고, 소소하게는 커피나 간식을 언제든 지원해 주는 우리 병원의 소중함을 깨닫게 하는 활동이었습니다. 그리고 우리가 하는 일과 지향해야 할 고객 가치와의 연결점을 깊이 고민하는 계기가 된 엠파시 서클Empathy Circle 활동도 기억에 남습니다.

Q. 조이 인 워크 활동이 현장에서 확산되기 위한 필수 조건은 무엇이라고 생각하나요?

A. 먼저 조이 인 워크 활동의 중요성을 명확하게 인식해야 합니다. 단순히 일회성 이벤트로 인식하는 것이 아니라 지속적인 활동을 통해 우리 일과 일터의 의미를 회복할 수 있다는 믿음을 가져야 합니다. 다음으로, 현장 리더의 역량이 중요합니다. 스스로 충분히 동기 부여되어 있으면서도, 동료의 참여를 적극적으로 이끌어야 합

니다. 지속적이고 안정적인 활동을 위해서는 부서장과의 커뮤니케이션도 능숙해야 합니다. 마지막으로는 리더의 아낌없는, 그리고 끊임없는 지원이 필요합니다.

Q. 조이 인 워크 활동이 10년에 걸쳐 성공적으로 진행된다면 활동 이전과 비교해서 가장 크게 변화할 것 같은 영역은 무엇인가요? 아홉 가지 구성 요소 중에 선택해 주세요.

A. 안녕과 회복탄력성Wellness & Resilience 부분일 것 같습니다. 대내외 환경 변화로 불확실성이 커지는 요즘, 개인과 공동체가 존재하고 성장하려면 개인이 신체, 정서적으로 건강해야 할 뿐만 아니라 조직 문화도 건강해야 합니다. 지속적인 조이 인 워크 활동은 회복탄력성을 높이는 다양한 활동을 통해 긍정성, 자긍심, 팀워크를 증진시키고, 예기치 않은 실패나 어려움에도 다시 일어설 수 있는 동력이 됩니다. 궁극적으로 최고의 의료 서비스와 환자 경험을 제공하는 병원에 도달할 것이라 기대합니다.

Q. 많은 어려움이 있음에도 조이 인 워크를 지속적으로 진행하는 이유는 무엇일까요?

A. 조이 인 워크를 통해 일과 일터를 바라보는 인식의 수준이 매우 높아지고 있음을 느끼기 때문입니다. 나와 병원이 별개(워라밸)가 아니라 유기적으로 연결(워라블)되어 있으므로 조이 인 워크 활동을

진행하면 성장 모드로 시너지를 낼 수 있습니다.

**Q. 다른 병원이나 기업에서는 조직 문화 개선 활동이 일회성 이벤트로
끝나는 경우가 많습니다. 삼성서울병원의 조이 인 워크 활동이 긴
호흡으로 꾸준히 진행되는 것만으로도 성공적이라고 생각합니다.
이렇게 지치지 않고 꾸준히 할 수 있는 원동력은 무엇일까요?**

A. 리더의 아낌없는 지원과 교육 부서의 안전하고 건강한 조직 문화
를 향한 열정, 주 활동 부서인 간호 본부 리더들의 꾸준함이 더해
진 결과라고 생각합니다.

인터뷰 2:
삼성서울병원 임상교육파트 오혜민

Q. 조이 인 워크 실무자로서 가장 곤란했거나 어려웠던 순간은 언제였나요?

A. 유관 부서와의 소통이 제일 어렵습니다. 부서 내 활동이 확산되고 일과 일터에 대한 인식이 변화하기 위해서는 리더의 관심과 지지가 필수적이거든요.

Q. 조이 인 워크 실무자로서 가장 보람 있었던 순간은 언제였나요?

A. 교육에 만족하는 교육생의 표정, 말투를 봤을 때, 교육생이 적극적으로 참여하는 모습을 볼 때, 교육 만족도 조사에서 새로운 것을

얻어 간다는 후기, 좋은 교육을 진행해 줘서 감사하다는 후기를 볼
때 가장 보람 있습니다.

**Q. 조이 인 워크 활동이 현장에서 확산되기 위한 필수 조건은 무엇이라
고 생각하나요?**

A. 조이 인 워크 활동을 즐길 수 있고, 리더십 있는 사람이 리더를 맡
아야 합니다. 그리고 조이 인 워크 활동의 난이도가 절대적으로 쉬
워야 합니다. 아무리 리더십이 뛰어나도 활동이 어려우면 구성원
이 따라갈 수 없습니다.

**Q. 조이 인 워크 활동이 10년에 걸쳐 성공적으로 진행된다면 활동 이
전과 비교해서 가장 크게 변화할 것 같은 영역은 무엇인가요? 아홉
가지 구성 요소 중에 선택해 주세요.**

A. 일상의 개선Daily Improvement 측면에서 변화가 가장 클 것 같습니다.

**Q. 많은 어려움이 있음에도 조이 인 워크를 지속적으로 진행하는 이유
는 무엇일까요?**

A. 현장에서 일하는 사람의 즐거움, 만족감, 행복감을 위해 조이 인
워크 활동은 꼭 필요합니다. 현장에서 지치지 않게 하기 위해서,
매너리즘에 빠지지 않게 하기 위해서도 필요합니다.

Q. 다른 병원이나 기업에서는 조직 문화 개선 활동이 일회성 이벤트로 끝나는 경우가 많습니다. 삼성서울병원의 조이 인 워크 활동이 긴 호흡으로 꾸준히 진행되는 것만으로도 성공적이라고 생각합니다. 이렇게 지치지 않고 꾸준히 할 수 있는 원동력은 무엇일까요?

A. 병원과 교육 부서의 리더십과 실행력이 뒷받침되었기에 가능했습니다. 그리고 교육생의 니즈가 큰 것도 중요한 원동력이었습니다. 교육 부서가 일방적으로 진행하는 방식이 아니라 현장의 니즈가 있었기 때문에 참여도도 높고, 활동이 좀 더 쉽게 공유되고 확산될 수 있었습니다. 무엇보다 담당자의 열정이 정말 중요합니다.

인터뷰 3:
삼성서울병원 임상교육파트 이정은

Q. 조이 인 워크 실무자로서 가장 곤란했거나 어려웠던 순간은 언제였나요?

A. 조이 인 워크 활동을 현장에서 수월하게 실천할 수 있도록 만드는 게 항상 고민되고 어렵습니다. 그리고 조이 인 워크의 방향성과 주제, 현장의 요구를 모두 만족하는 중간자 역할도 무척 어렵습니다. 아쉬울 때는 현장 리더가 활동 주제의 핵심을 벗어나 다른 부분을 부각시켜 활동을 전개했을 때였는데, 이럴 땐 소통이 적었음을 후회했습니다. 현장에서 적용 가능한 난이도를 설정하는 일도 무척 까다로웠습니다.

Q. 조이 인 워크 실무자로서 가장 보람 있었던 순간은 언제였나요?

A. 활동 소감을 살펴보면 '나를 발견하고 깨닫는 시간이 되었고, 타인을 이해하는 시간이 되었다.'는 말은 항상 나옵니다. 활동이 잠시나마 나를, 서로를, 또 의미를 생각해 볼 기회를 제공한 것 같아 뿌듯함을 느꼈습니다. 병원 업무에 필요할 뿐만 아니라 개인의 삶에도 필요한 활동 같아서 잘 이루어졌을 때 보람 있습니다.

Q. 조이 인 워크 활동이 현장에서 확산되기 위한 필수 조건은 무엇이라고 생각하나요?

A. 리더십입니다. 리더의 의지와 해석, 역량 등 리더의 역할이 가장 중요합니다. 또 현장의 관심 요소를 활동에 반영하여 최대한 활동을 흥미롭게 만드는 것도 확산의 중요한 조건입니다.

Q. 조이 인 워크 활동이 10년에 걸쳐 성공적으로 진행된다면 활동 이전과 비교해서 가장 크게 변화할 것 같은 영역은 무엇인가요? 아홉 가지 구성 요소 중에 선택해 주세요.

A. 가장 크게 변화하는 영역은 안녕과 회복탄력성Wellness&Resilience 부분이라고 생각합니다. 조이 인 워크 활동이 일터에서 나와 동료의 안녕을 살펴볼 수 있는 기회가 되고, 이러한 기회가 쌓여 서로가 서로에게 지지하고 함께 어려운 환경에서 회복탄력성을 높이는 데 영향을 미칠 것 같습니다. 직접 나누어 보지 않으면 모를 서

로의 이야기를 의도적으로, 활동이라는 명목하에 말하고 듣는 과
정에서 나는 현재 안녕한가 질문하고, 비슷한 부분은 서로 공감하
며 힘을 주고받고, 서로 다른 부분은 인정하는 기회가 될 것입니
다. 이는 결국은 공동체 의식의 변화를 일으키고 함께하는 의미와
목적을 되새기는 계기가 되어, 구성원의 안녕과 회복탄력성 증진
에 큰 영향을 줄 것이라고 생각합니다.

**Q. 많은 어려움이 있음에도 조이 인 워크를 지속적으로 진행하는 이유
는 무엇일까요?**

A. 나비효과가 되길 기대합니다. 인식의 변화가 하루아침에 일어나
기는 쉽지 않지만, 계속해서 변화에 노출된다면 우리는 어제보다
오늘, 오늘보다 내일 조금씩 나아질 것입니다. 지속적으로 노출되
지 않는다면 시작도, 시도도 의미가 없습니다. 미세한 변화가 거대
한 힘이 될 것입니다.

**Q. 다른 병원이나 기업에서는 조직 문화 개선 활동이 일회성 이벤트로
끝나는 경우가 많습니다. 삼성서울병원의 조이 인 워크 활동이 긴
호흡으로 꾸준히 진행되는 것만으로도 성공적이라고 생각합니다.
이렇게 지치지 않고 꾸준히 할 수 있는 원동력은 무엇일까요?**

A. 한 번만 해 보고 끝냈다면 우리 역시 이벤트로 그치지 않았을까 생
각합니다. 한 번 더 해 보고, 두 번 더 해 보고, 조금씩 나아가다 보

니 구성원에게 필요성이 점점 와 닿았을 것입니다. 활동에서 의미를 알아차리고 조직 문화에 대해 끊임없이 고민하는 관심과 열정이 원동력이 되었다고 생각합니다.

워크숍 자료는 위 QR코드를 스캔하면
다운로드할 수 있습니다.

조이 인 워크 JOY in WORK

2025년 2월 10일 1판 1쇄 펴냄

지은이 정도성
펴낸이 김철종

펴 낸 곳 (주)한언
출판등록 1983년 9월 30일 제1-128호
주   소 서울시 종로구 삼일대로 453(경운동) 2층
전화번호 02)701-6911
팩스번호 02)701-4449
전자우편 haneon@haneon.com
ISBN 978-89-5596-954-2 (03320)

만든 사람들
기획·총괄 손성문
편   집 나수지
디자인 홍성권

Our Mission   – 우리는 새로운 지식을 창출, 전파하여 전 인류가 이를 공유케 함으로써 인류 문화의 발전과 행복에 이바지한다.

– 우리는 끊임없이 학습하는 조직으로서 자신과 조직의 발전을 위해 쉼 없이 노력하며, 궁극적으로는 세계적 콘텐츠 그룹을 지향한다.

– 우리는 정신적·물질적으로 최고 수준의 복지를 실현하기 위해 노력하며, 명실공히 초일류 사원들의 집합체로서 부끄럼 없이 행동한다.

Our Vision   한언은 콘텐츠 기업의 선도적 성공 모델이 된다.

저희 한언인들은 위와 같은 사명을 항상 가슴속에 간직하고
좋은 책을 만들기 위해 최선을 다하고 있습니다.
독자 여러분의 아낌없는 충고와 격려를 부탁드립니다.

· 한언 가족 ·

HanEon's Mission statement

Our Mission   – We create and broadcast new knowledge for the advancement and happiness of the whole human race.

– We do our best to improve ourselves and the organization, with the ultimate goal of striving to be the best content group in the world.

– We try to realize the highest quality of welfare system in both mental and physical ways and we behave in a manner that reflects our mission as proud members of HanEon Community.

Our Vision   HanEon will be the leading Success Model of the content group.